Buongiorno Italia!
ACTIVITY BOOK

Buongiorno Italia!
ACTIVITY BOOK

Maddalena Fagandini and
Joseph Cremona

BBC Books

Published by BBC Books,
a division of BBC Enterprises Limited,
Woodlands, 80 Wood Lane, London W12 0TT

First published 1990
This edition published 1993
Reprinted 1994, 1995 (twice), 1996
© Maddalena Fagandini and Joseph Cremona 1990

ISBN 0 563 36075 5

Designed by Tim Higgins
Set in Itek Palatino by
Ace Filmsetting Ltd, Frome, Somerset
Printed and bound in Great Britain by
Ebenezer Baylis, Worcester
Cover printed by Clays Ltd, St Ives plc, England

Contents

Introduction

This workbook has been designed to accompany the *Buongiorno Italia!* course for beginners in Italian. It follows the course chapter by chapter, giving simple grammar explanations, referring where appropriate to the Grammar Summary in the main course book and, most important, providing a number of carefully graded grammatical exercises for practising each main point as it occurs.

To help develop the exercises, in the early chapters in particular, we've introduced words that may not occur in the early stages of *Buongiorno Italia!*, but do appear later on. You'll find them in the Vocabulary at the end of the main course book. We've also added some basic words that don't appear in *Buongiorno Italia!* These are listed at the beginning of each chapter and in the Vocabulary at the back of this workbook. You'll find them useful in expanding your own vocabulary and your grasp of the language.

Coverage of the grammar is by no means exhaustive, but the basic rules are dealt with. When working through the exercises, write out your answers fully every time, even if this seems repetitive. It's like practising playing a musical instrument: go over a pattern again and again, until it becomes fluent.

We've used grammatical drills extensively because they're particularly suitable for learning a language like Italian that has a comparatively large number of grammatical forms (eg the definite article or the verb). And we've added a number of conversational pieces, passages for comprehension and translation, so there's plenty of variety for you to work on! Make sure you repeat all types of exercises until they come out right every time. The lines within the exercises for your answers are only an indication of the space needed.

The index to the exercises (see p 107) has a specific purpose. If you can pinpoint particular weaknesses, or have them pointed out to you, the index will help you to concentrate on the exercises that deal with those points. Teachers can also prescribe a number or sequence of exercises to suit the needs of particular students.

Finally on page 95 we've set an Achievement Test so that you can find out just how much you know. Once you've worked your way through all the exercises thoroughly, you should score top marks!

1 *Buongiorno!*
How to ask for something

NEW WORDS AND EXPRESSIONS
un giornalaio *newsvendor, newspaper shop*
una minerale (short for **un bicchiere di acqua minerale**) *(a glass of) mineral water*
una spremuta d'arancia *fresh orange juice*
una spremuta di limone *fresh lemon juice*

Gender
In Italian all nouns are either masculine or feminine. Most nouns ending in -o are masculine, many nouns ending in -a are feminine. Some nouns ending in -e are feminine, but most are masculine.

The indefinite article (*a or an*)
Un is used with masculine nouns, **una** is used with feminine nouns. **Una** becomes **un'** with feminine nouns beginning with a vowel. **Un** becomes **uno** with masculine nouns that begin with **s** followed by a consonant, or with **z**.

The following exercises are meant to help you learn to use these articles and the gender of some nouns.

1 All'albergo

Fill in the blanks with **un** or **una**:

a Scusi, c'è ＿＿ telefono qui?

Sì, guardi, è lì. S'accomodi, prego.

b Scusi, c'è ＿＿ guida di Vicenza?

Sì, c'è questa.

c C'è anche ＿＿ piantina?

Eccola.

d Scusi, c'è ＿＿ banca qui vicino?

Sì, ce n'è una dietro la chiesa.

e C'è anche ＿＿ farmacia qui vicino?

Sì, ce n'è una in corso Palladio, qui vicino.

f Scusi, c'è ＿＿ giornalaio qui vicino?

Sì, ce n'è uno subito dopo la farmacia.

g C'è anche ＿＿ supermercato?

Sì, ce n'è uno proprio dietro l'albergo.

h Scusi, c'è ＿＿ tabaccaio qui vicino?

Sì, ce n'è uno in via Rossini.

2 Al bar

Now fill in these blanks, again with **un** or **una**:

a Buongiorno. Desidera?

Buongiorno. ＿＿ cappuccino, per favore.

Va bene. E lei?

Per me ＿＿ birra, grazie.

Subito!

b Buongiorno. Desidera?

＿＿ tè, per favore.

Al latte o limone?

Al latte.

Sì. E per lei?

＿＿ tè al limone e ＿＿ pasta.

Benissimo!

c Buongiorno. Prego, signori?

    ____ bicchiere di vino, ____ birra e

    ____ spremuta di limone.

    ____ vino bianco o rosso?

    ____ vino bianco, grazie.

    Va bene.

d Buonasera.

    Buonasera. ____ caffè, per favore,

    e ____ pasta.

    Subito, signore.

e Dica.

    Per favore, ____ bitter analcolico

    e ____ digestivo.

    Prego.

f Sì?

    ____ bicchiere di acqua minerale

    e ____ spremuta d'arancia.

    Una minerale e ____ spremuta?

    Arrivo subito!

g Buonasera.

    Buonasera. Per favore, ____ caffè

    lungo, ____ digestivo e

    ____ minerale.

    ____ minerale gassata o non gassata?

    ____ minerale gassata, grazie.

    Prego!

3 This time pick the words from the box to go with **un** or **una**:

a Scusi, c'è una _____ qui vicino?

    Ce n'è una dietro l'albergo.

b Un _____ , per favore.

    Al latte o limone?

c Desidera?

    Un cappuccino e una _____ , per favore.

d Sì?

    Un _____ di vino bianco, per favore.

e Buongiorno. C'è una _____ di Stresa?

    C'è questa del Lago Maggiore, che comprende anche Stresa.

f Scusi, c'è un _____ qui vicino?

    Ce n'è uno in Piazza del Duomo.

g Una _____ , per favore.

    D'arancia o di limone?

h Desidera?

    Un _____ , per favore.

    Lungo o ristretto?

bar
bicchiere
caffè
farmacia
guida
pasta
spremuta
tè

4 Which goes where?

Four of the words or expressions in the box go into one set of blanks and four go into the other. You work it out:

acqua minerale	aperitivo	Azienda di Turismo
agenzia di viaggio	aranciata	ufficio postale
amaro	albergo	

un _____   un' _____

un _____   un' _____

un _____   un' _____

un _____   un' _____

5 Odd man out

Now fit these new words into the blank spaces (you'll find their meanings either in the *Buongiorno Italia!* glossary or at the back of this workbook). One of them is different: for a clue, go back to p 9.

formaggio	treno	tavola	esempio
statua	bottiglia	fragola	ulivo
pomodoro	oliva	scontrino	entrata

una _____ un _____ un _____

una _____ un _____ uno _____

un' _____ una _____ un' _____

una _____ un _____ un _____

---

6 **Uno** and **una** can also be used as pronouns (*one*), that is in place of a noun to avoid repeating it.

Complete the following sentences by filling in the missing letters and words:

a Scusi, c'è una banc____ vicino all'alberg____ ?

Sì, ce n'è _____ proprio lì, guardi.

b Scusi, c'è un uffici____ postale vicino alla banc____ ?

Sì, ce n'è _____ proprio lì, guardi.

c Scusi, c'è un supermercat____ vicino all'uffici____ postale?

Sì, ce n'è _____ proprio lì, guardi.

d Scusi, c'è un ristorant____ vicino al supermercat____ ?

Sì, ce n'è _____ proprio lì, guardi.

e Scusi, c'è una farmaci____ vicino al ristorant____ ?

Sì, ce n'è _____ proprio lì, guardi.

f Scusi, c'è un caff____ vicino alla farmaci____ ?

Sì, ce n'è _____ proprio lì, guardi.

g Scusi, c'è un giornalai____ vicino al caff____ ?

Sì, ce n'è _____ proprio lì, guardi.

h Scusi, c'è un'agenzi____ di viaggio qui vicino?

Sì, ce n'è _____ proprio lì, guardi.

2 *Dov'è?*
How to ask where something is

NEW WORDS AND EXPRESSIONS
il pisano *of/from Pisa*
avanti: più avanti *further on*

Other words and expressions, like **milanese**, **veneziano**, **perché?**, **mi dispiace**, all appear in the course, so you'll find them in the *Buongiorno Italia!* Vocabulary.

The definite article (*the*)

When talking about only one of something, **il** is used with most masculine nouns, **la** with feminine nouns and **l'** with all nouns beginning with a vowel, whether masculine or feminine.

---

1 ## Which goes where?

The words in the box are all masculine nouns, but five of them go into one set of blanks and five go into the other. You work it out:

un albergo	un imbarcadero	un bar	un nome
un autobus	un mercato	un cognome	un amaro
un telefono	un ufficio postale		

il _____   l' _____

il _____   l' _____

il _____   l' _____

il _____   l' _____

il _____   l' _____

---

2 Fill the blanks with the appropriate masculine or feminine definite article and with the correct endings of nouns:

a Scusi, c'è un ristorant____ qui vicino?

Sì, c'è ____ Ristorant____ Stella Alpina, in Piazza del Mercato.

b Scusi, c'è un alberg____ qui vicino?

Sì, c'è ____ Alberg____ Aquila Bianca, in Via Garibaldi.

c Scusi, c'è una banc____ qui vicino?

Sì, c'è ____ Banc____ Commerciale, a due passi, sulla sinistra.

d Scusi, c'è un bar qui vicino?

Sì, guardi, c'è ____ Gigi Bar, lì a destra.

e Scusi, c'è una farmaci____ qui vicino?

Sì, guardi, c'è ____ Farmaci____ Sclavi, la prima a destra.

f Scusi, c'è un'agenzi____ di viaggio qui vicino?

Sì, c'è ____ Agenzi____ Rizzi, vicino all'Aquila Bianca.

    g Scusi, c'è un'Aziend____ di Turismo qui a Orvieto?

      Sì, ____ Aziend____ è in centro, vicino alla stazione.

    h Scusi, c'è una fermat____ dell'autobus qui vicino?

      Be', ____ fermat____ è un po' lontana. Cinque minuti circa da qui.

3 What's your name?

Just to remind you, here are some examples to help you start talking to people:

il suo nome, scusi? ⎫
(lei) come si chiama? ⎭ *what's your name?*   **(lei) è di . . . ?** *are you from . . . ?*

(io) ⎧ **sono. . .** *I'm. . .*
    ⎨ **mi chiamo. . .** *my name's. . .*
    ⎩ **sono di. . .** *I'm from. . .*

It isn't usually necessary to use **io** or **lei** (see paragraph on the **tu** form below).

And do you remember how to say *not*?
No, non sono di Stresa.
Lei non è inglese.

    Now complete the following sentences:

a Io _____ di Londra. E _____ ,
signor Pettinello, di dov'____ ?
Sono ____ Firenze.

b _____ è inglese, signora?
Sì, _____ inglese. _____ di
Towcester.
____ dove?

c Il suo nome, scusi?
_____ Giovanni Mancini.
Lei ____ di qui, di Vicenza?
Sì, _____ Vicenza.

d Di dov'____ , signorina?
_____ di Edimburgo.
Ah, ma allora _____ scozzese, non
____ inglese! E, scusi, come ____
chiama?
____ chiam ____ Linda Scott.

e Scusi, signore, _____ di Stresa?
No, _____ sono di Stresa.
_____ di Milano.
Allora _____ è milanese!

f Scusi, come si chiama lei?
Mi _____ Elizabeth Wilson.
Lei ____ inglese?
Sì, _____ inglese.

g _____ inglese, signore?
____ , non _____ inglese. _____
gallese. _____ Cardiff.
E, scusi, come ____ chiama?
____ chiam ____ David Jones.

h Lei come si chiama?
_____ Maria Essler.
____ tedesca?
____ , _____ italiana.
____ dov'____ ?
_____ di Bolzano.

Tu or lei?

In Italian there are two forms of address, the **tu** form and the **lei** form. The **tu** form is used with family, friends and children, the **lei** form with everyone else (see *Buongiorno Italia!* p 23):

(lei) di dov'è?   **come si chiama?**
(tu) di dove sei?   **come ti chiami?**

The form of the verb, eg **sono, sei, è,** changes according to the person talking or being addressed, etc, so it isn't necessary to use **io, tu** or **lei** other than for emphasis, contrast, or clarity when there is ambiguity (see *Buongiorno Italia!* p 255).

4 Talking to children

Fill the blanks in the following conversations which you might have with children while on holiday in a hotel or on a beach:

Ciao! Come ti chiami?

Mi chiamo Mario.

Di dove _____ ?

Di Roma. _____ di Roma.

Ah, _____ romano! E tu, Giulia, _____

dove _____ ?

_____ di Venezia. _____

veneziana.

Anche tu _____ venezian_____ ,

Marco?

No, io _____ venezian_____ . Sono

_____ Pisa. Sono pisan_____ .

E _____ , come ti chiam_____ ?

Mi chiam_____ Luisa.

E di dove _____ ?

_____ Orvieto. _____

orvietan_____ .

Remember that adjectives 'agree' with nouns in gender and in number (see *Buongiorno Italia!* p 253):

Luisa è orvietan*a*.
Mario è roman*o*.

And just as **uno** is used instead of **un** with masculine nouns beginning with **s** followed by a consonant, or with **z**, so **lo** is used instead of **il**:

lo scontrino
lo zucchero

5 Piccoli dialoghi

Fill in the blanks to complete the dialogues:

Al bar

a   *Maddalena*   (*to cashier*) _____ !

    Cassiere   Buongiorno!

    Maddalena   Una pasta e _____ cappuccino.

    Cassiere   Una pasta e un cappuccino ... Settecento. Ecco _____ scontrino, grazie.

    Maddalena   (*to barman*) Scusi, _____ cappuccino.

    Barman   Va bene. (*passing the sugar*) Ecco _____ zucchero.

    Maddalena   Grazie!

Per la strada

b   Scusi, signora, _____ Teatro Olimpico è lontano _____ qui?

    L'Olimpico? Be', sì, un po', ma c'è l'autobus, il numero 10.

    Dov'è la fermata?

    Un po' più avanti, sulla destra.

    _____ !

    Prego!

   c Scusi, dov'è _____ stazione della funivia?

Qui in fondo alla strada, sulla sinistra.

È _____ da qui?

No, cinque minuti a piedi.

_____ !

Prego!

   d Signorina, scusi . . .

Sì?

Scusi, dov'è _____ ufficio postale?

In centro, in via Garibaldi.

È _____ ?

Abbastanza. Mezzo chilometro circa.

C'è _____ autobus?

Da qui no, mi dispiace.

Va bene, grazie!

Prego!

6   Now complete these exchanges. They revise the use of the pronouns **io**, **tu** and **lei**, the verb forms **sono**, **sei** and **è**, **mi chiamo**, **ti chiami** and **si chiama**.

   a Come _____ chiama, signorina?

Mi _____ Elizabeth, Elizabeth Jones. E _____ , come si chiam_____ ?

   b Lei _____ ingles_____ , signor Sinclair?

No, _____ ingles_____ , _____ scozzes_____ .

   c _____ chiamo Mary Wimbush. E _____ , come ti chiam_____ ?

Io _____ Roberto. Roberto Savini.

   d Scusi, signora, _____ è Mary Smith?

_____ , _____ Mary Smith. Perché?

   e _____ chiamo Riccardo Toner e _____ di Londra.

E _____ , signora, di dov'_____ ?

   f Scusi, signore, lei _____ John Griffiths?

No, _____ John Griffiths. John Griffiths è lì.

   g Ciao! Di dove _____ e come ti _____ ?

Mi _____ Stefano e _____ di Brescia.

   h Come _____ chiami?

Mi _____ Giulia.

Giulia come?

Giulia Bonazzi.

Di _____ sei?

_____ di Prato.

Dov'_____ Prato?

Prato _____ in Toscana, vicino a Firenze.

_____ lontano _____ qui?

Be', sì, abbastanza!

3 *Quanto costa?*
Buying things and asking the price

No new words in this chapter, but quite a bit of grammar, beginning with plural forms:

f sing.	**una borsa, la borsa, questa borsa costa . . .**
f plur.	**due borse, le borse, queste borse costano . . .**
m sing.	**un biglietto, il biglietto, questo biglietto costa . . .**
m plur.	**due biglietti, i biglietti, questi biglietti costano . . .**

From these examples, note that **un** and **una** can mean *one* as well as *a* or *an*.

---

1   Fill the blanks with the appropriate forms:

a   Quanto costa questo cestino?

_____ costano duemila lire l'un___ .

b   Quanto costa questa bottiglia?

_____ costano quattromila lire l'un___ .

c   Quanto costa questa fotografia?

_____ costano mille lire l'un___ .

d   Quanto costa un pompelmo?

_____ costano mille e cinque il chilo.

e   Quanto costa questa cartolina?

_____ costano seicento lire l'un___ .

f   Quanto costa questo vaso?

_____ costano ventimila lire.

g   Quanto costa questa borsa?

_____ costano trentamila novecento lire.

h   Quanto costa un panino?

_____ costano ottocento l'un___ .

---

2   Remember that adjectives 'agree' in gender and in number with, and mostly follow, the nouns they qualify (see *Buongiorno Italia!*, pp 253 and 254).

Complete the following, using the adjective in brackets in its appropriate form:

a	Il bicchiere _____	(piccolo)	*f*	Il ristorante _____	(toscano)
b	La signora _____	(inglese)	*g*	Il bicchiere _____	(grande)
c	Il cestino _____	(grande)	*h*	La borsa _____	(rosso)
d	Il vino _____	(francese)	*i*	La signora _____	(italiano)
e	La chiave _____	(piccolo)	*j*	La chiave _____	(grande)

3   Now fit the words in the box into their appropriate sentences. Only one fits its slot correctly in both form and meaning.

a   Un francobollo per la _____ , per favore.

b   Il _____ di Liliana è Borroni.

c   Sono a Vicenza per le _____ .

d   Quanto costa la _____ ?

e   Ce n'è uno proprio dietro il _____ .

f   Quanto costano le _____ ?

g   I _____ delle fragole, per favore!

h   Mi dà i _____ d'entrata?

banane
vacanze
biglietti
supermercato
cestini
Francia
cognome
guida

4   With masculine nouns beginning with a vowel, the plural of **l'** is **gli**; with feminine nouns it's **le** (for all forms of *the*, see *Buongiorno Italia!* p 249).

Follow the pattern given to fill the blanks with the phrases in the box. Four go into one set of blanks, four into the other.

un autobus italiano	un amaro italiano
un albergo inglese	un'aranciata italiana
un'agenzia di viaggio inglese	un'arancia italiana
un'azienda di turismo inglese	un ufficio postale italiano

Un'acqua minerale inglese   **Un ombrello italiano**

Le acque minerali inglesi   *Gli ombrelli italiani*

_____   _____

_____   _____

_____   _____

_____   _____

5   Note the spelling changes in the plural forms of nouns like **albergo**, **ufficio**, **arancia**. Some nouns don't change in the plural, so watch out for them in the next exercise. And watch out for the adjectives too (see *Buongiorno Italia!* pp 253 and 254)!

Supply the missing words in the following dialogues:

a   Scusi, per favore, c'è un bar qui

vicino?

Certo! Ci sono tre _____ solo in

Corso Italia!

b   Desidera, signora?

Un tè freddo, per favore.

E per lei, signore?

Un tè freddo anche per me.

Allora due _____ !

c   Dica!

Per me un caffè doppio.

Un caffè doppio anche per me.

Allora due _____ !

d   Buongiorno, signori! Prego?

Un bitter analcolico, per favore.

Anche per me un bitter analcolico.

Due _____ ,

allora!

e   Buonasera, signori. Desiderano?

Per me un vermut bianco, per favore.

Un vermut bianco anche per me.

Due _____ ,

allora!

6   This exercise will help you to revise plural definite articles and plural nouns.
Complete the answers to the questions as indicated in the model:

Mi dà una pasta, per favore?
Le paste **sono lì.**

a Mi dà un biglietto, per favore?

_____ sono lì.

b Mi dà una bottiglia, per favore?

_____ sono lì.

c Mi dà una cartolina, per favore?

_____ sono lì.

d Mi dà un francobollo, per favore?

_____ sono lì.

e Mi dà un ombrello, per favore?

_____ sono lì.

f Mi dà un cestino, per favore?

_____ sono lì.

g Mi dà un limone, per favore?

_____ sono lì.

h Mi dà un'arancia, per favore?

_____ sono lì.

Grazie!

Prego!

7   Adjectives can be used as nouns simply by placing an appropriate article or
demonstrative in front them: **il grande**, **queste lunghe**, etc.

Use the words in brackets to fill the gaps in these exchanges.

a Le _____ (fotografia) grandi costano 1.500 lire.

E ____ piccol____ , quanto costano?

b I _____ (gladiolo) rossi costano 2.000 lire.

E ____ bianc____ , quanto costano?

c Queste _____ (cartolina) costano 600 lire.

E ____ lung____ , quanto costano?

d Le _____ (sigaretta) francesi costano 2.000 lire.

E ____ ingles____ , quanto costano?

e Le _____ (rosa) bianche costano 1.000 lire.

E ____ ross____ , quanto costano?

f Le _____ (birra) italiane costano 1.800 lire.

E ____ tedesc____ , quanto costano?

3.000.

Mi dà una birra italiana, allora?

Subito!

4 *Buono, buonissimo!*
How to say you like something

NEW WORDS AND EXPRESSIONS
To help with the exercises, we've brought some extra words for clothes into this lesson.
They're all in the *Buongiorno Italia!* Vocabulary, except for:

la camicetta *blouse*
la cintura *belt*
il fazzoletto *(silk or cotton) square, scarf, handkerchief*

1 Le piace il vestito?

This exercise will help you to learn how to use **quel**, **quella**, etc. (*that*), and to use
moltissimo.

Answer the questions by following the model:

Le piace il vestito?
Quel vestito lì? Sì, moltissimo!

a Le piace la cravatta?

_____!

b Le piacciono le scarpe?

_____!

c Le piace il fazzoletto?

_____!

d Le piace la borsa?

_____!

e Le piacciono i sandali?

_____!

f Le piacciono le calze?

_____!

g Le piace l'ombrello?

_____!

h Le piace la cintura?

_____!

2 Le piacciono le scarpe?

Use the two models as a cue for completing the sentences:

Queste **scarpe** *mi piacciono* **molto.**
Questo **caffè** *non mi piace* **tanto.**

a _____ camicette mi _____ molto.

b _____ vaso non mi _____ tanto.

c _____ chiesa mi _____ molto.

d _____ sandali mi _____ molto.

e _____ fazzoletti non mi _____ tanto.

f _____ bar mi _____ molto.

g _____ paste non mi _____ tanto.

h _____ porchetta mi _____ molto.

3 E questa borsa, le piace?

Two more models, to help you answer the questions.

Le piace questa borsa?
Sì, *mi piace. È bellissima. La prendo.*

Non le piace questo vestito?
No, *non mi piace. Non lo prendo. Mi dispiace.*

a Le piace questo cappello?

Sì, _____ .

b Non le piace questa cravatta?

No, _____ .

c Le piacciono questi sandali?

Sì, _____ .

d Non le piacciono queste scarpe?

No, _____ .

e Non le piacciono questi fazzoletti?

No, _____ .

f Le piacciono queste camice?

Sì, _____ .

g Non le piace quest'ombrello?

No, _____ .

h Le piace questa stoffa?

Sì, _____ .

---

4   Now complete these questions, following the models provided:

Questa chiesa è molto interessante.
Ah, le piace, **signore?**

Quest'aranciata non è molto buona.
Come, non ti piace, **Letizia?**

a Questo vestito è molto comodo.

_____ , Letizia?

b Queste scarpe sono strette.

_____ , Mario?

c Questa guida non è molto interessante.

_____ , signore?

d Questo caffè è ottimo.

_____ , Lucia?

e Queste cartoline sono molto belle.

_____ , signora?

f Questo vino non è molto buono.

_____ , Carlo?

g Quest'ombrello è molto pratico.

_____ , signorina?

h Questo albergo non è molto bello.

_____ , Luciana?

5 Dove abita?

This next exercise is about some verb forms and the use of the definite article with names of languages (optional when used with **parlare**). It also tests you on how to use the unstressed pronouns **lo**, **la**, **li** and **le** (see *Buongiorno Italia!* p 256).

a Abita a Londra?

No, abit____ a Manchester.

b Impara il francese?

No, impar____ il tedesco.

c Cura tutto il giardino?

Sì, l____ cur____ tutto.

d Dove studia l'italiano? A scuola?

No, l____ studi____ a casa.

e Parla francese?

Be'..., l____ parl____ così così!

f Allora prende queste?

Sì, prend____ quelle.

g Fa la cameriera?

No, f_____ la bigliettaia.

h Lei è il direttore?

Sì, _____ il direttore. Perché?

6 Ce n'è, ce ne sono . . .

Follow the models in practising these two expressions:

Qui c'è solo un caffè.
No, guardi, ce n'è un altro qua.

Qui ci sono solo due birre.
No, guardi, ce ne sono altre due qua.

a Qui ci sono solo due pomodori.

_____ .

b Qui ci sono solo due banane.

_____ .

c Qui c'è solo un aperitivo.

_____ .

d Qui c'è solo una mela.

_____ .

e Qui ci sono solo due panini.

_____ .

f Qui c'è solo un pompelmo.

_____ .

g Qui c'è solo una pera.

_____ .

h Qui ci sono solo due arance.

_____ .

7   Che colore?

Most adjectives change their endings according to the gender of the noun they qualify, but some don't (see *Buongiorno Italia!* p 254, para 25).

Use the colour word given in brackets for each sentence to fill the blanks:

a Vorrei un paio di scarpe _____ e una borsa di pelle _____ . (nero)

b Vorrei provare quei sandali _____ e comprare un paio di calze

_____ . (marrone)

c Vorrei vedere una camicia _____ e una cravatta come quella là, ma

_____ . (verde)

d Vorrei provare quel paio di pantaloni _____ e vedere anche quella

cintura _____ . (blu)

e Vorrei comprare un cappello _____ e anche un paio di guanti

_____ . (grigio)

f Vorrei provare quella maglia _____ e vedere anche quel

fazzoletto _____ . (giallo)

g Vorrei vedere quel vestito _____ in vetrina e anche quei guanti

_____ . (bianco)

h Vorrei comprare questa camicetta _____ e vedere un paio di

pantaloni _____ . (azzurro)

8   A scuola

You'll probably have to look at the map on p 24 of *Buongiorno Italia!* to answer some of these questions!

a Come si chiama la regione di Roma?

Si chiama _____ . È il _____ .

b E quella di Milano?

Quella di Milano si chiama _____ . È la _____ .

c Come si chiama la regione di Torino?

Si chiama _____ . È il _____ .

d E quella di Genova?

Quella di Genova si chiama _____ . È la _____ .

e Come si chiama la regione di Firenze?

Si chiama _____ . È la _____ .

f E quella di Napoli?

Quella di Napoli si chiama _____ . È la _____ .

g Come si chiama la regione di Venezia?

Si chiama _____ . È il _____ .

h E quella di Perugia?

Quella di Perugia si chiama _____ . È l'_____ .

i Come si chiama la regione di Bologna?

Si chiama _____ . È l'_____ .

j E quella di Ancona?

Quella di Ancona si chiama Le _____ . Sono Le _____ .

5 *Rivediamo un po'* . . .
Revision (1)

NEW WORDS AND EXPRESSIONS
la conversazione *conversation*
il diritto *law*
la ferrovia *railway*
la lezione *lesson*
il miglio (m) *mile* (pl **le miglia** (f))
l'ufficio cambio *bureau de change*
l'università (f) *university*

1 Scusi?

Fit the words in the box into their appropriate slot. Note that **caffè** has the meaning of *café* as well as that of *coffee*.

albergo	farmacia	ristorante	banca
bar	toilette	caffè	agenzia di viaggio

a Scusi, c'è un _____ qui vicino?

Certo, ce n'è uno di prima classe in piazza della Stazione.

b C'è una _____ qui vicino, signora?

Sì, ce n'è una qui a cento metri. Ha bisogno di medicina?

c Scusi, c'è un _____ qui vicino?

Sì, c'è La Bella Stagione, la prima strada a sinistra. Buon appetito!

d C'è una _____ qui vicino, per favore, signorina?

Ecco, dunque, ce n'è una qui a sinistra, un'altra in via Rossini e una in piazza

Verdi. C'è anche un ufficio cambio alla stazione.

e Scusi, c'è un _____ in questo albergo?

Certo, guardi, è in fondo a destra. Prende l'aperitivo?

f Scusi, c'è una _____ ?

La seconda porta a sinistra.

g Scusi, c'è un _____ qui vicino?

Ce n'è uno in fondo alla piazza. Il caffè lì è ottimo!

h Scusi, c'è un' _____ vicino all'albergo?

Proprio vicino no. Ce n'è una in centro. Dove vuole andare?

2 Con, di, oppure per?

Only one of the choices in these sentences is correct. Which is it?

a Vorrei una pellicola | da / di / con | trentasei pose.

b Sono qui a Venezia | per / di / in | vacanza.

c Sono scozzese, ma abito | a / in / di | Londra.

d No, sono inglese. Sono qui a Milano | in / di / per | lavoro.

e No, qui no. Ma ce n'è uno | da / a / in | centro.

f Scusi, c'è una piantina | per / di / da | Stresa, per favore?

g La fermata dell'autobus non è molto lontano | da / in / a | qui.

h È | da / di / con | vera pelle questa borsa, o è | di / da / con | plastica?

3 Qui è tutto molto buono!

Follow the model to answer the questions:

È buono questo prosciutto?
Sì, questi prosciutti sono tutti molto buoni.

a È buono questo vino?

_____ .

b È caro questo negozio?

_____ .

c È bella questa fotografia?

_____ .

d È interessante questa rivista?

_____ .

e È buona questa birra?

_____ .

f È cara questa borsa?

_____ .

g È bello quest'ombrello?

_____ .

h È interessante questo giornale?

_____ .

4 Conversazione

Find a home for the words in boxes on the right.

_____ si chiama suo figlio?	Si chiama Roberto.	dove?
_____ anni ha?	Ha ventun'anni.	come?
E _____ fa?	Studia all'università.	cosa?
_____ università?	La Bocconi*, a Milano.	quanti?
E _____ studia?	Studia diritto internazionale.	quale?
Da _____ anni studia?	Studia da due anni.	
E _____ abita?	Abita a casa, con me.	

* **L'Università Bocconi** is a well-known private university in Milan.

5

Now complete these questions:

Ciao! Come ti _____ ?	Mi chiamo Grazia, Grazia Deluca.
E di dove _____ ?	Sono di qui, di Vicenza.
E dove _____ a Vicenza?	Abito in Via Nervi.
_____ l'inglese a scuola?	Sì, lo studio da un anno.
Lo _____ bene?	No, no lo parlo proprio! È difficile!
Cos'altro _____ a scuola?	Un po' di tutto, l'italiano, l'aritmetica...
E che classe _____ ?	Faccio la seconda media.
Ti _____ la scuola?	Be', sì, abbastanza.

6 Buono, buonissimo!

This time complete the questions and answer them according to the model.

Sono buone *le* paste?
Sono sempre buonissime!

a È caro ____ burro?

_____!

b È cara ____ carne?

_____!

c Sono cari ____ pomodori?

_____!

d Sono care ____ rose?

_____!

e È interessante ____ museo?

_____!

f È interessante ____ aritmetica?

_____!

g Sono interessanti ____ giornali?

_____!

h Sono interessanti ____ riviste?

_____!

i È difficile ____ inglese?

_____!

j È difficile ____ matematica?

_____!

k Sono difficili ____ esercizi?

_____!

l Sono difficili ____ lezioni?

_____!

7 Lettura

Here's a connected piece of Italian such as you might find in a travel brochure. It's based on the **Letture 1–5**, so you should be able to read it without too much trouble, even though some of the words are missing. You should also be able to guess half the new words in the piece because of their context and their resemblance to cognates in English – words like **città** *city*, **barocco** *baroque*, **botanico** *botanical, botanist*, etc. Nevertheless, unless you're absolutely certain, it's always best to check them in the *Buongiorno Italia!* Vocabulary, just to make sure they aren't 'false friends'.

Stresa _____ una piccola città di circa 5.000 abitanti sul Lago Maggiore. È _____ cittadina turistica, _____ alberghi, ristoranti, bar, spiagge, piscine e molte belle passeggiate in montagna e sul lago. Sul lago _____ un servizio di battello che porta alle isole, ai giardini _____ Villa Taranto a Pallanza, e a Locarno, in Svizzera.

All'Isola Bella _____ il palazzo e il giardino barocco dei Principi Borromeo. All'Isola Superiore 'dei Pescatori' abitano le famiglie dei pescatori. _____ pescatori del lago _____ una cooperativa. Vendono _____ pesce ai negozi, agli alberghi e ai ristoranti. All'Isola Madre _____ un grande giardino botanico, _____ piante rare _____ molti bellissimi uccelli. Per _____ giardinieri _____ sempre molto lavoro, tutto l'anno.

Vicino a Stresa, a Baveno e a Feriolo _____ montagne di granito: una grande di granito rosa, e _____ più piccola _____ granito bianco. Il granito _____ una pietra molto dura. Oggi _____ scultori lo lavorano con le macchine. Il granito rosa di Baveno _____ famoso _____ tutto il mondo.

Allora, per la gente del lago, che lavoro c'è? _____ lavoro negli alberghi, come cameriere, come cuoco, come direttore. _____ lavoro nei giardini, _____ giardiniere e _____ botanico. _____ lavoro sui battelli. _____ il lavoro di pescatore, _____ scultore _____ granito, _____ ferroviere sulle ferrovie. E naturalmente _____ sempre molto lavoro nei negozi, nei ristoranti, nei bar, negli uffici, nelle banche, nelle agenzie _____ viaggio e nelle Aziende _____ Turismo. Per _____ abitanti del Lago Maggiore _____ sempre tanto lavoro!

7a   Now fill in the gaps with words you've learnt in Chapters 1–5.

8   Finally, translate the set of sentences and then the two conversations into Italian:

a Can you give me two 500 lire stamps, please?
I would like a bottle of red wine.
Can you give me 200 grams of ham, 100 grams of butter and six bread
rolls, please?
I would like to see that handbag in the window, please, the red one.
How much does this cost?
Where are you from?
Are you here for work or are you on holiday?
Do you like your job?

b Excuse me, how much are those scarves (squares) in the window?
The small ones are forty thousand lire, the large ones fifty-five thousand.
They're expensive!
No, they're not expensive . . . they're pure silk and they're very nice! Don't you
like them?
I like them very much, but . . .
Would you like to see them?
No, thank you.

c What's your job?
I'm a bank manager.*
Where?
In London.
Are you from London?
No, I'm from Exeter.
Is Exeter far from London?
Fairly. It's about 200 miles, that's about 300 kilometres.
And where do you live in London?
I live about ten miles from the centre of town.
* (Use **sono** . . . , not **faccio** . . .)

6 *A che ora parte . . . ?*
Going places

NEW WORDS AND EXPRESSIONS
centrale: la Stazione Centrale   *main central railway station, Milan*
differente   *different*
digestivo   *digestive (liqueur)*
entrare   *to enter, to go/come in*
russo   *Russian*

Remember that you can look up any other words that are new to you in this lesson in the *Buongiorno Italia!* Vocabulary.

---

1   Talking about time

To ask *when*, or *at what time*, something leaves or arrives, you say:
quando | **parte . . . ?**
a che ora | **arriva . . . ?**

To say at what time something leaves or arrives, **all'** is used with **una**, *one o'clock*, **alle** with every other hour (the words **ora**, **ore** are understood):
all'una e dieci   *at ten past one*
alle dieci e un quarto   *at a quarter past ten*

Timetables always use the 24-hour clock, but in conversation people often use the 12-hour clock.

Can you complete the answers?

a   Quando parte il treno per Milano?

Parte _____. (2.00)

E quando arriva?

Arriva _____. (3.45)

E dove arriva a Milano?

_____ Stazione Centrale.

b   Quando parte l'aliscafo per Locarno?

Parte _____. (1.00)

E quando arriva?

Arriva _____. (2.30)

E dove arriva a Locarno?

_____ imbarcadero.

c   Quando parte il pullman per
Desenzano?

Parte _____. (3.20)

E quando arriva?

Arriva _____. (4.50)

E dove arriva a Desenzano?

Davanti _____ Garage Moderno.

2 Andiamo in vacanza!

a Andiamo a Venezia, in treno.

A che ora _____ il prossimo

treno per Venezia?

_____ dodici e quaranta.

A che ora _____ ?

_____ quindici e venti.

Quanto costa ____ biglietto?

_____ o seconda classe?

Seconda.

Un'andata, seconda, seimila trecento.

C'è posto?

Sì, su quel treno _____ posto.

Allora, mi _____ un'andata,

seconda, per favore?

b Andiamo all'Isola Madre, in battello.

A che _____ parte il prossimo

battello _____ l'Isola Madre?

____ mezzogiorno.

____ che ora arriva?

_____ dodici e trenta.

Quanto _____ un biglietto?

Tremilacinquecento lire, andata

e _____ .

C'è posto?

Sì, sì, sui battelli c'è sempre

_____ .

Bene. ____ dà tre biglietti?

c Andiamo a Verona, in pullman.

A _____ ora parte il _____

pullman per Verona?

Tra mezz'ora, ____una e quaranta.

A che ora _____ ?

_____ due e dieci.

Quanto costa _____ ?

Quattromila, andata. Ottomila,

_____ .

C'è _____ ?

Sì, c'è ancora _____ .

Allora _____ due biglietti,

andata _____ ?

d Andiamo a Londra, in aereo.

_____ il _____

aereo per Londra?

Oggi? _____ diciassette ____

cinquanta.

_____ ?

_____ diciassette ____ quaranta,

ora locale.

_____ biglietto?

_____ ?

No, solo andata.

Andata. Duecento ottantamila lire.

C'è _____ ?

Vediamo... No, c'è la lista d'attesa.

---

3 Regular verbs are so called because their endings follow set patterns. In the infinitive they end in **-are**, **-ere** or **-ire** (see *Buongiorno Italia!* pp 72 and 258).

In the present indicative, for *I* the ending is always **-o**; for *you* (formal), *he, she* or *it*, the ending is **-a** for verbs ending in **-are**, and **-e** for verbs ending in **-ere** and **-ire**.

Follow the model to complete the questions in this exercise:

Non vorrei cominciare oggi.
Perché non *comincia* domani?

a Non vorrei partire oggi.

Perché non _____ domani?

b Non vorrei pagare oggi.

Perché non _____ domani?

c Non vorrei prendere un tè.

Perché non _____ un caffè?

d Non vorrei arrivare presto.

Perché non _____ più tardi?

e Non vorrei comprare carne.

Perché non _____ pesce?

f Non vorrei aprire la finestra.

Perché non _____ la porta?

g Non vorrei telefonare a casa.

Perché non _____ a suo figlio?

h Non vorrei mangiare in un ristorante.

Perché non _____ a casa?

4   This time, find the infinitive, as in the model:

No, non cambio questa. Vorrei *cambiare* **quella!**

a No, non prendo il caffè. Vorrei _____ un digestivo!

b No, non comincio domani. Vorrei _____ oggi!

c No, non apro la porta. Vorrei _____ la finestra!

d No, non imparo il russo. Vorrei _____ il francese!

e No, non leggo questa rivista. Vorrei _____ quella!

f No, non mangio questo panino. Vorrei _____ quello!

g No, non chiudo la finestra. Vorrei _____ la porta!

h No, non parto oggi. Vorrei _____ domani!

5   Now complete these conversations, using the verbs in the questions:

a A che ora comincia a lavorare la mattina?

_____ . (8.00)

E fino a che ora lavora?

_____ . (6.00)

A che ora arriva a casa?

_____ a casa _____ . (6.45)

b A che ora apre il negozio la mattina?

_____ . (9.00)

Chiude per mezzogiorno?

_____ . (12.30)

E nel pomeriggio, a che ora apre?

Nel pomeriggio _____ . (3.00)

A che ora chiude la sera?

D'estate _____ , (8.00).

d'inverno _____ . (6.00)

c A che ora arriva in ufficio la mattina?

_____ . (8.00)

A che ora parte da casa?

_____ . (7.15)

A che ora lascia l'ufficio la sera?

_____ . (6.00)

E a che ora torna a casa?

_____ . (6.45)

6 When used with an infinitive, the unstressed pronouns **lo**, **la**, **li** and **le** generally follow it and are written as one word with it. The final **e** of the infinitive is dropped.

Answer the questions according to the model:

Chiudo la porta?
No, vado a chiuderla io.

a Provo il vino?

_____.

b Cambio il biglietto?

_____.

c Prendo il giornale?

_____.

d Apro la finestra?

_____.

e Scrivo la cartolina?

_____.

f Preparo il pranzo?

_____.

g Chiudo la finestra?

_____.

h Compro la rivista?

_____.

7 This time complete the following passage, using the correct form of the verb given in brackets after each gap:

Ogni venerdì, Piera _____ (prendere) il treno per Roma. _____ (partire) alle sette della mattina e _____ (arrivare) poco dopo le otto e mezza. A Roma, _____ (entrare) in un bar vicino alla stazione per _____ (prendere) un caffè e una brioche.

Poi _____ (visitare) un museo. Ogni venerdì _____ (visitare) un museo differente. A Roma ci _____ (essere) molti musei! Quando _____ (chiudere) il museo, alle due o verso le due, Piera _____ (visitare) un secondo bar per un aperitivo, un sandwich e un altro caffè. Poi _____ (tornare) alla stazione, _____ (comprare) un giornale o una rivista da _____ (leggere) in treno, e _____ (prendere) tranquillamente la via del ritorno.

7 Cosa c'è da vedere?
Getting there and looking around

NEW WORDS AND EXPRESSIONS
il libro *book*
il palazzo *large building, palace*
apertura *opening*
ieri *yesterday*
stradale: l'elenco stradale *street directory*
telefonico: l'elenco telefonico *telephone directory*
universitario: lo studente universitario *university student*

---

1 The preposition **di** combines with the definite article to form one word.

	il	lo	la	l'	i	gli	le
di	del	dello	della	dell'	dei	degli	delle

(The prepositions **a**, **da**, **in** and **su** combine in the same way. See *Buongiorno Italia!* p 250)

Complete the following according to the model:

Il figlio *della* signora Baschi è uno studente universitario.

a Mi dà una piantina _____ città, per favore?

b Vorrei vedere la lista _____ ristoranti _____ centro.

c C'è un elenco _____ alberghi di Venezia, per favore?

d A che ora apre lo studio _____ scultore?

e Dov'è il garage _____ albergo, per piacere?

f Vorrei fare la visita _____ centro storico _____ città.

g È vicina a Orvieto l'uscita _____ autostrada?

h Qual è l'orario di apertura _____ banche?

---

2 Now answer the questions according to the given model:

Ha la lista degli alberghi?
Eccola. Ho anche quella dei ristoranti.

a Ha la lista degli alberghi?

_____ pensioni.

b Ha il giornale di oggi?

_____ ieri.

c Ha una piantina del centro?

_____ città.

d Ha l'orario dei treni?

_____ pullman.

e Ha l'elenco telefonico?

_____ stradale.

f   Ha il numero di telefono di casa?

_____ ufficio.

g   Ha il biglietto del treno?

_____ aereo.

h   Ha l'esercizio di oggi?

_____ domani.

3   Use the three words given in brackets to make a question, as in the model.
(s) indicates a word in the singular, (pl) in the plural.

(monumento (s) **importante Verona)**
Qual è il monumento più importante di Verona?

a   (piazza (s) bello Firenze)

_____ ?

b   (chiesa (pl) bello Roma)

_____ ?

c   (città (pl) importante provincia)

_____ ?

d   (oggetto (s) prezioso museo)

_____ ?

e   (giardino (pl) interessante regione)

_____ ?

f   (scultore (s) famoso Italia)

_____ ?

g   (industria (s) importante zona)

_____ ?

h   (quartiere (pl) interessante città)

_____ ?

4   Which goes where?

Supply the missing verb endings and the prepositions that follow them from the stock in the box:

-ere in	-are per	-are al	-are questa
-ere alla	-are in	-ere dal	-are a

a   Cosa c'è da ved_____ televisione?

b   Cosa c'è da mangi_____ bar?

c   Cosa c'è da visit_____ Verona?

d   Cosa c'è da compr_____ città?

e   Cosa c'è da f_____ mattina?

f   Cosa c'è da legg_____ albergo?

g   Cosa c'è da prend_____ salumiere?

h   Cosa c'è da impar_____ oggi?

5   Now answer these questions by following the model:

Dov'è l'ufficio? In quel palazzo?
Mi dispiace, ma nel palazzo non ci sono uffici.

a Dov'è la banca? In quel palazzo?

_____ .

b Dov'è la fotografia? In quella rivista?

_____ .

c Dov'è la chiave? In quella borsa?

_____ .

d Dov'è il garage? In quell'albergo?

_____ .

e Dov'è l'arancia? In quel sacchetto?

_____ .

f Dov'è l'ombrello? In quella vetrina?

_____ .

g Dov'è la brioche? In quel pacchetto?

_____ .

h Dov'è il negozio? In quella piazza?

_____ .

6   This time use the four words in brackets to make a question, as in the model:

(andare stazione via fare)
Per andare alla stazione, che via devo fare?

a (andare Firenze treno prendere)

_____ ?

b (fare biglietto dove andare)

_____ ?

c (arrivare duomo strada fare)

_____ ?

d (telefonare Londra numero fare)

_____ ?

e (andare stazione autobus prendere)

_____ ?

f (avere informazione dove andare)

_____ ?

g (tornare albergo via prendere)

_____ ?

h (imparare lingua libro studiare)

_____ ?

7 A mystery mission!

Complete the story by filling the gaps according to the model and with the help of the verbs listed in the box:

Lo *devo finire* oggi?
Sì, lo *deve finire* oggi

Quando _____ , questa sera o

domani mattina?

_____ domani mattina.

_____ il treno o la macchina?

_____ il treno.

_____ in prima o in seconda classe?

_____ in seconda.

Dove _____ treno?

_____ treno a Padova.

A Venezia, dove _____ ?

_____ al Bar Roma.

E _____ con il cameriere?

No, non _____ con il cameriere.

Cosa _____ allora?

_____ una pasta e

_____ il giornale.

E dopo?

Dopo _____ qui!

andare
cambiare
fare
leggere
mangiare
parlare
partire
prendere
tornare
viaggiare

8 *Ha una camera?*
Finding a room

NEW WORDS AND EXPRESSIONS
la marmellata d'arancia   *marmalade*
la prenotazione   *booking*
la pancetta   *bacon*
affogato: l'uovo affogato   *poached egg* (lit. *drowned*)
strapazzato: l'uovo strapazzato   *scrambled egg*

---

1   This first exercise practises using **posso**, *I can, am able to* (see ***Buongiorno Italia!***
p 259). Answer the questions, using the following model:

> **Lascia il messaggio qui, signora?**
> *Sì. Posso lasciarlo con lei?*
> **Certo!**

a   Telefona a Londra, signorina?

_____ da qui?

Certo! La cabina è là in fondo.

b   Paga per la colazione subito, signore?

_____ con la carta di credito?

Ma certo! Che carta di credito ha?

c   Fa il biglietto subito, signore?

_____ adesso?

Certo! Lo facciamo subito!

d   Mangia il panino qui, signorina?

_____ qui?

Certo, signorina. Come vuole!

e   Prenota i posti per questa sera, signora?

_____ da qui?

Ma certo, signora. Gliela facciamo noi, la prenotazione.

f   Prende il dépliant, signorina?

_____ con me?

Certo, signorina. Quanti ne vuole!

g   Lascia la macchina lì, signore?

_____ lì?

Certo, lì va bene!

h   Cambia la camera adesso, signora?

_____ subito?

Certo, signora. La camera 12 è pronta.

2   This exercise practises the use of the pronouns **lo**, **la**, **l'**, **li** and **le** with **ho** *I have*, and **abbiamo** *we have* (see *Buongiorno Italia!* p 256, para 38). Answer the questions according to the models:

Ha i francobolli?
Sì, li ho qui con me.

Avete il giornale?
Sì, l'abbiamo qui con noi.

a Ha il messaggio?

_____ .

b Avete i documenti?

_____ .

c Avete la macchina?

_____ .

d Ha i dépliants?

_____ .

e Avete le valige?

_____ .

f Ha la cartolina?

_____ .

g Avete il numero?

_____ .

h Ha le fotografie?

_____ .

3   Answer these questions by keeping to the pattern of the model:

Quando prende la colazione?
La colazione la prendo alle otto.

a Quando comincia il lavoro?

_____ lunedì mattina.

b Come prende il tè?

_____ con latte ma senza zucchero.

c Come paga il conto?

_____ con la carta di credito.

d Quando telefona a casa?

_____ questa sera.

e Quando fa il biglietto?

_____ domani mattina presto.

f Come parla il francese?

_____ così così . . .

g Quando prende le vacanze?

_____ sempre in agosto.

h Come trova l'albergo?

_____ molto comodo.

4   Now fill in the missing words. You should know them all by now.

a _____ pagare il conto subito, per favore?

Certo.

_____ pagarlo con la carta ____ credito?

_____ carta ____ credito ha?

b _____ telefonare in città, per favore?

Certo.

Non ____ il numero con me. ____ l'elenco telefonico per la provincia?

_____ . Eccolo qui. S'accomodi.

_____ telefonare ____ qui?

____ qui no. La cabina ____ lì a destra.

c _____ lasciare _____ messaggio _____ il signor Pettinello?

_____ .

_____ scriverlo _____ ?

Può _____ lì, dal portiere.

Grazie.

d _____ avere la colazione in camera, per favore?

Certo. _____ prende?

_____ avere un tè _____ latte?

Certo. Vuole _____ ?

What would you like for your breakfast? Look up the items in your dictionary and make up a list. Most of the items that go to make an English breakfast are now known in hotels in Italy, though you may not always find them all. Here are some to get on with:

una spremuta d'arancia, un panino/due panini con burro e marmellata d'arancia, un uovo bollito o affogato o strapazzato, oppure fritto con la pancetta.

5 Can you fill the gaps? In the first answer, the definite article is not used (see *Buongiorno Italia!* p 250, para 5). In the second the article is used, since the noun that follows is 'qualified' and it combines with **in** in the usual way.

a Dov'è l'ombrello?

_____ .

In macchina?

Sì, _____ macchina di Giovanni.

b Dov'è il negozio?

_____ .

In centro?

Sì, _____ centro di Verona.

c Dov'è la guida?

_____ .

In camera?

Sì, _____ camera di Luigi.

d Dov'è la macchina?

_____ .

In garage?

Sì, _____ garage dell'albergo.

e Dov'è il ristorante?

_____ .

In piazza?

Sì, _____ piazza vicino all'albergo.

f Dove sono i documenti?

_____ .

In ufficio?

Sì, _____ ufficio del direttore.

g Dov'è la borsa?

_____ .

In vetrina?

Sì, _____ vetrina di quel negozio.

h Dove sono le chiavi?

_____ .

In cabina?

Sì, _____ cabina telefonica.

6   Use the words in brackets to make up questions. The example will show you how.

(camera matrimoniale bagno)
Avete una camera matrimoniale con bagno, per favore?

a (camera libera)

_____?

b (singola bagno doccia)

_____?

c (doppia letti doccia)

_____?

d (tranquilla silenziosa terzo)

_____?

e (qual prezzo camera)

_____?

f (compresa prima colazione)

_____?

g (dove lasciare macchina)

_____?

h (telefonare Edimburgo qui)

_____?

7   This time make up questions from the sentences given according to the model:

John parla l'italiano molto bene.
Come lo parla l'italiano, John?

a Giorgio prende la colazione in camera.

_____?

b Luigi comincia le vacanze domani.

_____?

c Susanna trova l'albergo ottimo.

_____?

d Marisa prende il tè senza latte.

_____?

e Piero fa le vacanze in Svizzera ogni anno.

_____?

f Carlo va a prendere i biglietti dopo il pranzo.

_____?

g Maddalena vuole il caffè lungo.

_____?

h Mimmo studia la matematica a Pisa.

_____?

9 *Cosa prendiamo?*
Eating out

NEW WORDS AND EXPRESSIONS
lo yogurt *yoghurt*   **adorare** *to adore*

1 The preposition **di** combined with the definite article is used to express the idea of *some* or *any* (see *Buongiorno Italia!* p 250).

Complete the questions by following the model:

Adoro gli zucchini!
Benissimo! Vuole degli zucchini **all'olio?**

a Adoro i ravioli!

_____ al ragù?

b Adoro i fagiolini!

_____ all'olio?

c Adoro le tagliatelle!

_____ al pomodoro?

d Adoro gli spaghetti!

_____ alla carbonara?

e Adoro le patate!

_____ patatine fritte?

f Adoro gli spinaci!

_____ al burro?

g Adoro le lasagne!

_____ al forno?

h Adoro le melanzane!

_____ alla parmigiana?

2 Now follow the model to complete these questions:

Vuole un po' di pane?
Sì, grazie. C'è del pane **casareccio?**

a Vuole un po' di vino?

_____ della regione?

b Vuole un po' d'acqua?

_____ minerale non gassata?

c Vuole un po' di zuppa?

_____ di pesce?

d Vuole un po' di carne?

_____ di maiale?

e Vuole un po' d'insalata?

_____ mista?

    f Vuole un po' d'olio?

_____ buono e anche _____ aceto?

    g Vuole un po' di frutta?

_____ di stagione?

    h Vuole anche un po' di torta?

      No, grazie. Ho mangiato abbastanza!

3 Buono, buon

When placed before a masculine noun beginning with a vowel or a consonant (other than **s** followed by another consonant, or **z**), **buono** becomes **buon**:
Il vino è buono, but: **È un buon vino!**

    Complete the following according to the model:

    Assaggi questo parmigiano.
    Buono! È un buon parmigiano!

  a Assaggi questo amaro.

_____!

  b Provi questa spremuta.

_____!

  c Assaggi questo zabaglione.

_____!

  d Provi questo caffè.

_____!

  e Assaggi questa porchetta.

_____!

  f Provi questa mozzarella.

_____!

  g Assaggi questo yogurt.

_____!

  h Provi questo prosciutto.

_____!

4

Now complete these short dialogues according to the model:

    Qui c'è solo una scarpa.
    L'altra è lì.
    Ah, bene. Allora sono qui tutte e due.

  a Qui c'è solo una chiave.

_____ .

_____ .

  b Qui ci sono solo tre cestini.

_____ .

_____ .

  c Qui ci sono solo quattro fotografie.

_____ .

_____ .

  d Qui ci sono solo sei cartoline.

_____ .

_____ .

  e Qui ci sono solo cinque banane.

_____ .

_____ .

  f Qui ci sono solo tre biglietti.

_____ .

_____ .

g Qui c'è solo un passaporto.

   _____.

   _____.

h Qui ci sono solo due valige.

   _____.

   _____.

---

5 To fill the gaps in the answers, take your cue from the questions, as in the models:

Signora?
Mi **porti una bistecca ben cotta, per favore.**

Signori?
Ci **dà il conto, per favore?**

a Signorina?

   ____ porti una bottiglia di acqua minerale, per favore.

b Signori?

   ____ dà due biglietti per il concerto, per favore?

c Signorine?

   ____ porti due lasagne e una bottiglia di vino bianco, per favore.

d Signora?

   ____ dà due francobolli per la Gran Bretagna, per favore?

e Signori?

   ____ dà la chiave, per favore?

f Signorina?

   ____ porti il caffè, per favore.

g Signora?

   ____ porti un po' di pane, per favore.

h Signori?

   ____ dà queste due cartoline, per favore?

---

6 Bello

When placed before a noun, **bello** has forms similar to those of the definite article (see *Buongiorno Italia!* p 254, para 26).

Answer the questions by following the models:

È bella questa chiesa, vero?
Sì, è una bella chiesa!

Sono belli questi pomodori, vero?
Sì, sono dei bei pomodori!

a È bella questa piscina, vero?

   _____!

b È bello quest'albergo, vero?

   _____!

c Sono belle queste rose, vero?

   _____!

d È bello questo specchio, vero?

   _____!

e È bello questo giardino, vero?

   _____!

f È bella questa insalata, vero?

   _____!

g Sono belli questi ombrelli, vero?

   _____!

h Sono belle queste automobili, vero?

   _____!

i Sono belli questi sandali, vero?

   _____!

j Sono belli questi spinaci, vero?

   _____!

7   Now answer the questions, using the phrases in the box:

a Cosa c'è da bere?

_____.

b Cosa c'è da leggere?

_____.

c Cosa c'è da fare questo pomeriggio?

_____.

d Cosa c'è da portare in camera?

_____.

e Cosa c'è da vedere nel museo?

_____.

f Cosa c'è da studiare per domani?

_____.

g Cosa c'è da pagare?

_____.

h Cosa c'è da mangiare per pranzo?

_____.

> il giro del lago
> una bistecca alla griglia
> del vino bianco
> il giornale di oggi
> il conto dell'albergo
> la lezione di oggi
> quadri e sculture
> queste due valige

8   When a sentence is negative, **del**, **dei**, etc are never used. In other words, the notion of *any* is not expressed:
Non ho vino *I haven't any wine*

Read the model first, then complete the customer's part in the following dialogues:

Per me, dei **tortellini in brodo.**
Mi dispiace, signore, ma . . .
Come, non ci sono tortellini oggi?

a _____ spaghetti alle vongole.

Mi dispiace, signore, ma . . .

_____?

b _____ lasagne al forno.

Mi dispiace, signore, ma . . .

_____?

c _____ risotto.

Mi dispiace, signore, ma . . .

_____?

d _____ funghi trifolati.*

Mi dispiace, signore, ma . . .

_____?

e _____ minestrone.

Mi dispiace, signore, ma . . .

_____?

f _____ tagliatelle in bianco.

Mi dispiace, signore, ma . . .

_____ ?

g _____ prosciutto e melone.

Mi dispiace, signore, ma . . .

_____ ?

h _____ cannelloni al forno.

Mi dispiace, signore, ma . . .

_____ ?

* **Funghi trifolati**   *mushrooms cooked with garlic and parsley.*

10 *Rivediamo un po'...*
Revision (2)

NEW WORDS AND EXPRESSIONS

l'agricoltura *agriculture*   **portare** *to wear*   **terminare** *to finish*
il migliore *best*   **sentire** *to listen to*   **inevitabilmente** *inevitably*

1 **Voi** is the pronoun most used when speaking to more than one person, whether you
address them singly with **tu** or with **lei** (see *Buongiorno Italia!* p 115). With **voi**, the verb
ending is **-ate** for **-are** verbs, **-ete** for **-ere** verbs and **-ite** for **-ire** verbs. Remember that you
need only use the pronoun for emphasis or contrast, as in the following exercise.

Complete the questions according to the pattern given in the model:

Volete provare la macchina del garage?
Perché non *la provate voi?*

a Volete cambiare i biglietti per questa sera?

Perché non _____ ?

b Volete provare la bottiglia nuova?

Perché non _____ ?

c Volete assaggiare la torta di fragole?

Perché non _____ ?

d Volete prenotare i posti per domani?

Perché non _____ ?

e Volete pagare il conto dell'albergo?

Perché non _____ ?

f Volete terminare il lavoro da fare?

Perché non _____ ?

g Volete comprare il giornale di oggi?

Perché non _____ ?

h Volete portare le valige in camera?

Perché non _____ ?

2 Now complete these questions:

Andiamo a leggere il giornale fuori.
Perché non *lo leggete* **qui?**

a Andiamo a mettere le scarpe in camera.

Perché non _____ qui?

b Andiamo ad aprire i regali lì.

Perché non _____ qui?

c Andiamo a prendere il caffè fuori.

Perché non _____ qui?

d Andiamo a scrivere le lettere dentro.

Perchè non _____ qui?

e Andiamo a finire la lezione in camera.

Perché non _____ qui?

f Andiamo a chiudere la valigia lì fuori.

Perchè non _____ qui?

g Andiamo a leggere le riviste in giardino.

Perchè non _____ qui?

h Andiamo a sentire la radio in casa.

Perchè non _____ qui?

3   Here's some revision connected with shopping for food and how to say *some* or *any*. Fill in the missing words:

Buongiorno, signora. Cosa le do, oggi?

Buongiorno. Mi ____ un chilo ____ riso? Per fare il risotto.

Un chilo ____ riso. Ecco qua. È un buon riso, questo, è speciale ____ il risotto.

Altro, signora?

Ha ____ parmigiano?

Certo! Abbiamo ____ vero parmigiano reggiano*. Quanto ne vuole?

Mi ____ tre etti, per favore?

Ecco tre etti ____ parmigiano. Altro?

Vorrei _____olio, _____olio d'oliva buono.

Abbiamo _____olio extra vergine buonissimo, signora, guardi.

Va bene. Prendo ____ bottiglia ____ quello.

Altro, signora? ____ buon prosciutto? _____ mozzarella? ____ ravioli freschi,

fatti in casa? _____ agnolotti?

No, no, oggi faccio il risotto! Ma prendo un etto ____ vostro prosciutto cotto.

Sì, signora. Un etto. Altro?

Ah, sì, vorrei anche ____ pane.

Abbiamo _____ pagnotte con sale, _____ pagnotte casarecce, senza sale,

____ panini, ____ filoncini . . .

Prendo ____ pagnotta salata e sei panini.

Benissimo. Altro?

No, grazie, basta così. Quant'è?

Faccio subito il conto, signora.

* Made only in the provinces of Parma, Reggio Emilia, Modena, Bologna and Mantua.

4   This exercise will show you how to say *the most/least beautiful . . . you know*. Follow the patterns set by the models:

Questa città è bella.
È la città più bella che conosco.

Questo ristorante non è caro.
È il ristorante meno caro che conosco.

a Questo vino è secco.

_____.

b Questa strada è stretta.

_____.

c Questo bar è simpatico.

_____.

d Questa escursione è interessante.

_____.

e Questa chiesa non è bella.

_____.

f Questa persona non è simpatica.

_____.

g Questo albergo è caro.

_____ .

h Questo libro non è interessante.

_____ .

5 Some more practice with **-ate**, **-ete** and **-ite** endings, but mixed this time, so you'll have to use your memory. Follow the model to answer the questions:

Io non mangio mai melanzane. Voi *le mangiate?*

a Io non porto mai cravatte. Voi _____?

b Io non prendo mai caffè. Voi _____?

c Io non leggo mai giornali. Voi _____?

d Io non visito mai musei. Voi _____?

e Io non apro mai la finestra. Voi _____?

f Io non prendo mai zucchero. Voi _____?

g Io non scrivo mai cartoline. Voi _____?

h Io non guardo mai la televisione. Voi _____?

6 Lettura

Here's a piece of Italian such as you might meet in a travel book or guide similar to the one you had in Chapter 5. It's based on the **Letture 7–12** of *Buongiorno Italia!* and you should be able to read it without too much trouble. To help you, we've marked a few items with an asterisk and translated them at the end of the passage. First read the passage through.

Andiamo a Orvieto!

A Milano, prendiamo l'Autostrada _____ Sole, la A1, per andare al sud: a Roma, a Napoli, giù fino a Reggio Calabria. Dopo alcune ore di macchina, passato Bologna, Firenze e il Lago Trasimeno, arriviamo inevitabilmente _____ Orvieto. E qui, inevitabilmente, ci fermiamo* per qualche ora almeno _____ visitare questa bella, antica città.

Orvieto è situata in alto, su di un gran masso di tufo di origine vulcanica. _____ duomo, con la sua* magnifica facciata di bassorilievi e mosaici, domina non soltanto _____ centro storico della città, ma tutta _____ campagna circostante. _____ città è famosa per i suoi palazzi medievali e rinascimentali, per i suoi artigiani e per il suo vino, _____ classico vino bianco d'Orvieto.

_____ artigiani orvietani si occupano* soprattutto di ceramica, di pizzo, della lavorazione della pelle e del metallo. La gente _____ campagna circostante si occupa di agricoltura e della produzione del vino. Nei villaggi e in città, ogni bar ha il suo vino, prodotto nella sua campagna, sulla sua collina e lavorato dai suoi contadini.

Ogni domenica a Orvieto vengono turisti italiani e stranieri _____ visitare _____ città, _____ duomo, _____ Palazzo dei Papi, _____ musei, _____ negozi e, inevitabilmente, _____ ristoranti e _____ bar. Perché Orvieto è famosa anche _____ la sua cucina, una buona cucina casalinga, preparata _____ ingredienti del luogo.

Nella campagna i contadini producono ____ carne, ____ verdura, ____ pomodori,
____ olio d'oliva, ____ grano, ____ salame e ____ prosciutto, ____ formaggio e ____
frutta – insomma tutto quello che è necessario ____ mangiare bene. Cos'altro ci
vuole*, a parte una bottiglia di buon vino orvietano? La domenica, nei ristoranti
c'è sempre molta gente.

Ogni anno, a giugno, c'è una grande festa a Orvieto: ____ festa del Corpus
Domini con il suo gran Corteo Storico. Per il Corteo, ____ abitanti di Orvieto –
____ uomini soltanto – vestono* ricchi costumi medievali con ricami in oro e
argento, portano scarpe e stivali in pelle, spade e scudi ____ metallo, tutto fatto da
artigiani orvietani. Il Corteo, con i suoi gonfalonieri, i piccoli paggi, il Podestà, il
Capitano del Popolo (senza la sigaretta!), escono* dal duomo con il Sacro
Corporale, seguiti dalle autorità della città, dai bambini piccoli e da gran parte
della popolazione. Le donne, e soprattutto ____ signora Pacini, hanno organizzato
tutto, inevitabilmente.

Terminata la processione*, tutti vanno* ____ mangiare. Nei ristoranti di Orvieto
non c'è più posto ____ nessuno!

* **ci fermiamo**   *we stop*
* **suo, sua, suoi, sue**   *his, her, its, their*
* **si occupano di**   *are engaged in*
* **ci vuole**   *you need*
* **vestono**   *(they) wear*
* **escono**   (from **uscire**)   *(they) come out*
* **terminata la processione**   *the procession over*
* **vanno**   *go*

6a   Now fill the gaps in the passage.

6b   Answer, in Italian, the following questions relating to the passage:

  a A Milano, quale autostrada prendiamo per andare al sud?
  b Dov'è situata Orvieto?
  c Perché è famosa la città?
  d Di che cosa si occupa la gente della campagna circostante?
  e Chi viene a visitare la città ogni domenica?
  f Come si chiama la grande festa che c'è ogni giugno?

6c   Translate the following sentences into Italian:

  a Orvieto is a beautiful old Italian town not very far from Rome.
  b In Italy, the town is famous for at least four things: the cathedral, the classic white
       wine of the region, good food and the work of the Orvieto artisans.
  c The town is famous also for the great Historical Procession of the feast of Corpus
       Christi, when the men of Orvieto put on rich medieval costumes for the
       procession.

11 *Ricominciamo*
Revision (3)

NEW WORDS AND EXPRESSIONS

il cesto	*basket*	**il piattino**	*saucer*	**ordinare**	*to order*
il pacco	*parcel*	**il polsino**	*cuff*		

---

1 Andiamo?

The *we* form of all verbs always ends in **-iamo**, whether they are **-are**, **-ere**, **-ire**, or irregular verbs.

Follow the model provided to make up sentences with the words in brackets:

Perché non *andiamo al ristorante?*   (andare ristorante)

a Perché non _____ ?   (chiedere barman)

b Perché non _____ ?   (ordinare bere)

c Perché non _____ ?   (aprire finestra)

d Perché non _____ ?   (finire studiare menù)

e Perché non _____ ?   (provare zuppa pesce)

f Perché non _____ ?   (prendere specialità casa)

g Perché non _____ ?   (pagare conto)

h Perché non _____ ?   (telefonare Luigi)

---

2 Cosa guardano alla televisione?

The *they* form of **-are** verbs ends in **-ano**; for **-ere** and **-ire** verbs the ending is **-ono**:
comprano (comprare), prendono (prendere), aprono (aprire)

Note that the stress always falls on the vowel before the **-ano** or **-ono** ending in verbs with three syllables:
c*o*mprano (comprare), *a*prono (aprire)

In verbs with four (or more) syllables, the stress may fall on the vowel before the ending, as in:
arr*i*vano (arrivare), cuc*i*nano (cucinare)
or on the vowel before that:
tel*e*fonano (telefonare), *o*rdinano (ordinare)

Verbs in this class derive from nouns that are themselves stressed on the last but two syllables:
tel*e*fono, *o*rdine, etc

Fill the gaps in the following questions by giving the right ending to the verbs in brackets, as in the model:

Cosa *guardano* **alla televisione quelle due signore?**   **(guardare)**

a Dove _____ stasera Renzo e Lucia?   (mangiare)

b Come _____ il conto quei due?   (pagare)

c A chi _____ quelle due?   (telefonare)

d Quando _____ da Parigi Marco e Luisa?   (arrivare)

e Cosa _____ in quel negozio Paola e Elena?   (comprare)

f Dove _____ a Londra John e Annie?   (abitare)

g Come _____ i signori Martin?   (viaggiare)

h Quando _____ da Vicenza Giuliana e suo figlio?   (tornare)

3   In the piece that follows we've mixed up -**are** verbs with -**ere** and -**ire** verbs. You work out the correct forms.

Cosa fanno domani i signori Scott?

Domani mattina, i signori Scott prend____ la prima colazione alle sette. Poi vanno alla stazione e part____ per Roma con il treno delle otto. Arriv____ a Roma alle dieci e trenta e prend____ l'autobus che va al Vaticano. Lì compr____ i biglietti d'entrata e una buona guida e visit____ San Pietro e i Musei Vaticani. Poi mangi____ in un ristorante lì vicino, torn____ alla stazione, prend____ il treno delle cinque e quaranta e arriv____ qua alle sette e dieci.

Remember that in Italian a verb used in the present tense can sometimes be the equivalent of an English verb in the future:
poi vanno alla stazione   *then they'll go to the station*

4 Small and sweet

-**ino/-ina** is an ending added to many nouns to convey the notion of small, and often also of dear, sweet. It's one of several Italian 'diminutive' or 'endearment' endings.

Complete the following:

a Quando un gatto è piccolo, si chiama _____ .

b Quando un maiale è piccolo, si chiama _____ .

c Quando un salame è piccolo, si chiama _____ .

d Quando una patata è piccola, si chiama _____ .

e Quando una strada è piccola, si chiama _____ .

f Quando un treno è piccolo, si chiama _____ .

g Quando un cesto è piccolo, si chiama _____ .

h Quando un pacchetto è piccolo, si chiama _____ .

But be careful! A word may change meaning when you add -**ino/-ina**:
piatto   *plate,*   **piattino**   *saucer*
polso   *wrist,*   **polsino**   *cuff*

And there are other endings with much the same diminutive or endearing effect preferred by other words:
pacco, pacchetto; lago, laghetto; lavoro, lavoretto; ora, oretta
(See also *Buongiorno Italia!* p 136)

5 Spaghetti al pomodoro, risotto alla milanese

Remember the use of **a** with **il, la**, etc. to indicate how food is prepared or what it's served with?

Here's a series of dishes you're likely to find in a menu. You're not allowed to order without first filling in all the gaps!

Primi piatti

Spaghetti ____ arrabbiata*

Spaghetti ____ carbonara

Spaghetti ____ tonno e pomodoro

Spaghetti ____ aglio, olio e rosmarino

Tagliatelle ____ ragù

Lasagne ____ forno

* *Spaghetti served with a tomato sauce spiced with chilli*

Secondi piatti

Trota ____ brace

Bistecca ____ ferri

Braciole ____ vino bianco

Cotoletta ____ parmigiana

Fegato ____ veneziana

Contorni

Patatine bollite ____ prezzemolo

Verdura di stagione ____olio, ____

burro, ____agro o ____ maionese

Dessert

Macedonia di frutta ____ panna

o ____ liquore

6 Quattrocento a pila per cinque . . . duemila

To multiply in Italian you use **per**:

due per due fanno quattro   *two by two make four*

Kill two birds with one stone and test your head for figures as well as your knowledge of Italian!

a Tre per tre fanno _____ .

b Cinque per due fanno _____ .

c Sette per tre fanno _____ .

d Nove per nove fanno _____ .

e Duecento per tre fanno _____ .

f Tremila per due fanno _____ .

g Trecentocinquanta per tre fanno _____ .

h Milleduecento per sei fanno _____ .

7 Remember those combinations of prepositions and articles (see *Buongiorno Italia!* p 250)? Here's some revision.

Each word in the box fits into one slot and one slot only:

a Non c'è abbastanza sale _____ patatine.

b La fermata _____autobus è qui vicino.

c La stazione non è lontana _____Agenzia.

d _____albergo non c'è più posto.

e Il pullman parte _____una e venti.

f Dura _____ tre fino alle sei.

g Il prezzo _____ cartoline non è alto.

h Di solito, prendo la prima colazione _____ sette.

all'	dell'	dall'	nell'
alle	delle	dalle	nelle

12 *Mi può dare un numero?*
Asking for a favour or service

NEW WORDS AND EXPRESSIONS
mostrare *to show*   **corto** *short*
chiaro *light*   **largo** *wide*
scuro *dark*

---

1 Posso?

On its own, **posso** has the meaning of *may I?, can I?*:
Vuole guardare la televisione?
Posso?
Certo!

Complete the following dialogues according to the model and using the words in brackets:

Questi sandali sono molto belli.
Vuole provarli?   **(provare)**
Posso? Sono veramente comodi!   **(veramente comodo)**

a Questa maglia mi piace.

_____?   (provare)

_____!   (molto bello)

b Questa rivista è italiana?

Sì, _____?   (guardare)

_____!   (sembrare molto,
                                                 interessante)

c Questo formaggio non è caro.

_____?   (assaggiare)

_____!   (Mmm molto buono)

d Questa fotografia mi piace molto.

_____?   (comprare)

_____!   (veramente simpatico)

e Questo giornale è di oggi?

Sì, _____?   (leggere)

_____!   (sembrare interessante)

f Questa piantina è gratuita?

Certo! _____?   (prendere)

_____!   (un po' piccolo)

2 **Mi** is an unstressed pronoun with the meaning *me, to me, for me*; when followed
immediately by **lo**, **la**, **le**, etc, it changes to **me** (see *Buongiorno Italia!* pp 256 and 257):
Mi porta il caffè, per favore?
Me lo può portare subito?

In this exercise, **mi** has the meaning of *to me* or *for me*, though in English it is usual
to say just *me*. Work out suitable requests with the words provided:

Mi apre la finestra, per favore?   (aprire finestra)

a _____? (portare conto)

b _____? (fare sconto)

c _____? (dare giornale)

d _____? (prestare ombrello)

e _____? (controllare olio)

f _____? (cambiare venti sterline)

g _____? (telefonare questa sera le sei)

h _____? (mandare pacchetto albergo)

3 In this exercise, build up the second question with material contained in the first.
The model will show you how:

Mi apre la finestra, per favore?
Me la può aprire subito?

a Mi porta il conto, per favore?

_____?

b Mi controlla l'acqua, per favore?

_____?

c Mi presta l'ombrello, per favore?

_____?

d Mi cambia venti sterline, per favore?

_____?

e Mi dà il giornale, per favore?

_____?

f Mi fa la camera, per favore?

_____?

g Mi cerca il numero, per favore?

_____?

h Mi manda le rose all'albergo, per
favore?

_____?

4 Corresponding to **mi**, *me, to me, for me*, Italian has **le** for *you, to you, for you* (see
Buongiorno Italia! p 256):
Le possiamo telefonare a casa questa sera?

Fill in the blank spaces according to the model:

Mi può controllare l'acqua, per favore?   (controllare acqua)
Le possiamo controllare l'acqua e anche l'olio, se vuole.

a _____, per favore?   (fare sconto)

_____del cinque per cento.

b _____, per favore?   (prestare ombrello)

_____ma solo per questa mattina.

c _____, per favore?   (lavare macchina)

_____questo pomeriggio, se vuole.

d _____, per favore?   (fare camera)

_____solo dopo le dieci.

e _____, per favore?   (servire colazione)

_____in camera, se desidera.

f _____ , per favore?   (cambiare questo travellers' cheque)

_____ ma solo dopo le nove.

g _____ , per favore?   (consigliare buono vino)

_____ bianco d'Orvieto.

h _____ , per favore?   (mandare gladioli albergo)

_____ per le sette.

5   As **mi** changes to **me** before **lo, la**, etc, so **le** changes to **glie** before the same words and is written in one word with them: **glielo, gliela**, etc (see *Buongiorno Italia!* p 257):
Mi può portare il caffè, per favore?
Glielo porto subito!

To illustrate the above point, this exercise largely repeats the examples of Exercise 4. Again, fill the blank spaces according to the model:

Mi può controllare questa radio, **per favore?**   **(controllare questo**
Gliela posso controllare **anche subito, se desidera.**   **radio)**

a _____ , per favore?   (fare sconto)

_____ del cinque per cento.

b _____ , per favore?   (prestare ombrello)

_____ ma solo per questa mattina.

c _____ , per favore?   (lavare macchina)

_____ questo pomeriggio, se vuole.

d _____ , per favore?   (fare camera)

_____ anche subito, se vuole.

e _____ , per favore?   (servire colazione)

_____ in camera, se desidera.

f _____ , per favore?   (cambiare questo travellers' cheque)

_____ ma solo dopo le nove.

g _____ , per favore?   (mostrare quello maglia rosa)

_____ anche in blu.

h _____ , per favore.   (mandare gladioli albergo)

_____ per le sette, certo.

6 The word for *us, to us, for us* is **ci**. And just as **mi** changes to **me**, so **ci** changes to **ce** when immediately followed by **lo, la**, etc (see *Buongiorno Italia!* pp 256–7):

Ci può portare il caffè, per favore?
Ce lo può portare subito?

Fill the gaps in the following sentences with either **ci** or **ce**:

a _____ dà una bottiglia di vino bianco, per favore?

b _____ la può mostrare, quella sciarpa in vetrina, per favore?

c _____ li può servire subito, gli aperitivi, per favore?

d _____ porta due risotti alla milanese, per favore?

e Non _____ può fare un piccolo sconto?

f Non _____ la potete servire in giardino, la colazione?

g _____ può cambiare queste sterline?

h _____ le mette sul conto, le bibite, per favore?

7 Stretto, largo; grande, piccolo

This is an exercise about opposites. Complete the questions, following the model given:

È un pochino stretta, questa misura.
Vuole una misura più larga?

a È un pochino grande questo vaso.

_____?

b È un pochino piccola questa zuccheriera.

_____?

c È un pochino scuro questo colore.

_____?

d È un pochino chiaro questo marrone.

_____?

e È un pochino lunga questa cintura.

_____?

f È un pochino corta questa sciarpa.

_____?

g È un pochino difficile questo esempio.

_____?

h È un pochino facile questo esercizio.

_____?

13 *Viene fatto così*
Talking about how things are done

NEW WORDS AND EXPRESSIONS
sorvegliare   *to look after, keep an eye on*

---

1 È la lezione più facile del corso

This is how to make comparisons when what follows the adjective is a noun. The preposition is usually different from its equivalent in English:
la più facile *del* corso   *the easiest **in** the course*

Following the pattern given above, make up sentences with the words in brackets at the end of each line:

a _____.   (film bello anno)

b _____.   (palazzo vecchio città)

c _____.   (piatto buono ristorante)

d _____.   (negozio caro Roma)

e _____.   (camera grande albergo)

f _____.   (industria importante regione)

g _____.   (oggetto interessante museo)

h _____.   (cameriere simpatico ristorante)

---

2   From the infinitive and present indicative of **andare** and **venire** in the box below, select the forms that best fit the gaps in the brief conversations that follow:

andare	vado	vai	va	andiamo	andate	vanno
venire	vengo	vieni	viene	veniamo	venite	vengono

a   Io _____ al bar. _____ anche lei?

No, io _____ al ristorante.

b   Noi _____ al ristorante. _____ anche voi?

No, noi _____ al cinema.

c   Marta e Maria _____ al cinema. Marco, dove _____?

Lui ____ a casa.

d   Io _____ a casa. _____ anche tu?

No, io _____ al bar.

Allora _____ al bar anch'io!

e   Il dottore _____ in ufficio. _____ anche voi?

No, noi _____ in centro.

f   Io _____ in centro. Perché non _____ anche tu?

Preferisco _____ fuori in campagna.

E Marco?

Lui _____ con me.

g Eccoci qua. Perché non _____ tutti al ristorante?

Perché io _____ in camera.

Ma no, _____ anche tu con noi!

3 Viene fatto così

To say that something is done by someone, Italian generally uses the verb **essere** *to be*, followed by the past participle of the main verb: **è passato, è venduto, è servito**, etc (see *Buongiorno Italia!* p 154). When used with **essere**, the past participle always 'agrees' with the subject of the verb in gender and number:

Il vino è apprezzato dai clienti
La colazione è servita nel ristorante
Le tagliatelle sono fatte in casa

The past participle of -**are** verbs ends in -**ato/a/i/e**; that of many -**ere** verbs in -**uto/a/i/e**, and that of -**ire** verbs in -**ito/a/i/e**.

Turn the following sentences round, as in the model:

È il professore che spiega la lezione.
La lezione è spiegata dal professore.

a È il direttore che prenota i posti.

_____.

b È Luisa che prepara la colazione.

_____.

c È Gino che accompagna le signorine.

_____.

d È Luigi che paga il conto.

_____.

e È il custode che sorveglia la macchina.

_____.

f Sono i giardinieri che curano il giardino.

_____.

g È la bigliettaia che controlla i biglietti.

_____.

h Sono i turisti che visitano il museo.

_____.

4 The verb **venire** *to come* is often used with a past participle instead of **essere** to say that something is done. **Andare** *to go* is used in the same way to say that something should be done.

Fill the gaps with the right form of the past participle of the verbs given in brackets:

a La pasta fresca va _____ (servire) con una buona salsa al pomodoro,

con del buon parmigiano e va _____ (mangiare) subito.

b Le tagliatelle vengono _____ (passare) in un tegame,

_____ (mescolare) con la salsa e _____ (servire)

ben calde.

c La pasta per fare la pizza viene _____ (preparare) e _____

(lasciare) riposare per un'ora prima di essere cotta.

   d   Il vino bianco deve essere _____ (imbottigliare) molto presto e

        _____ (vendere) giovane al pubblico.

   e   I vini bianchi vanno _____ (servire) freddi, ma mai gelati!

   f   Il bianco secco è generalmente _____ (consigliare) per il pesce e le

        carni bianche. Per la carne rossa, invece, sono _____ (consigliare)

        i vini rossi.

   g   I vini rossi italiani più _____ (apprezzare) all'estero sono il Chianti, il

        Barolo, il Valpolicella e il Lambrusco.

   h   La casa della Famiglia Bottai è _____ (circondare) da chilometri di

        vigneti, dove l'uva viene _____ (controllare) con molta attenzione

        prima della vendemmia.

5   Tutti i giorni, ogni giorno

These two expressions both mean *every day*, so that in Italian you can say **tutti i negozi** and **tutti i giorni**, while in English you can say *all the shops*, but you must say *every day*.

    Make up sentences using the words given in brackets underneath each line, as in the model:

    Facciamo questo tipo di pasta tutti i giorni.
    (facciamo tipo di pasta giorno)

    Abbiamo una lista di tutti i negozi della città.
    (abbiamo lista negozio città)

   a   _____.
       (andiamo montagna anno)

   b   _____.
       (vorrei visitare chiesa città)

   c   _____.
       (studio italiano domenica)

   d   _____.
       (ha guida museo provincia)

   e   _____.
       (scriviamo casa mese)

   f   _____.
       (vuole fotografare piazza Roma)

   g   _____.
       (mangiamo fuori sabato)

   h   _____.
       (ecco elenco monumento città)

6   In Chapter 12 we showed how **mi** and **ci** become **me** and **ce** when followed by **lo**, **la**, **le**, etc. In this exercise, **me** and **ce** are mixed up. You fill the gaps, following the models given:

    Sono per lei queste rose?
    Sì, sono per me. *Me le può* **far portare in camera, per favore?**

    Sono per lei questi pacchi?
    Per me e mio marito. *Ce li può* **far portare in camera, per favore?**

   a   Sono per lei questi posti?

        Per me e mio marito. _____ prenotare subito?

   b   È per lei questo posto?

        Sì, è per me. _____ prenotare subito?

   c   È per lei questa caffettiera?

        Sì, è per me. _____ incartare, per favore?

   d   È per lei questo vaso?

        Per me e mia moglie. _____ incartare, per favore?

   e   Sono per lei queste uova?

        Sì, sono per me. _____ mettere in un sacchetto?

   f   È per lei questa frutta?

        Per me e per la mia amica. _____ mettere in un sacchetto?

   g   È per lei questa azalea?

        Per me e per il mio amico. _____ fare avere in albergo, per favore?

   h   Sono per lei questi fiori?

        Sì, sono per me. _____ fare avere in albergo, per favore?

7   Di più

In Italian, *most,* or *most of all,* is **di più**:
Il tipo di pasta che mi piace di più sono le tagliatelle.

Use the words in the answers to work out the questions, as in the models provided:

> *Qual è il formaggio che le piace di più?*
> **La mozzarella.**

> *Quali sono i tipi di pasta che le piacciono di più?*
> **Gli spaghetti e le tagliatelle.**

   a   _____ ?

        Venezia.

   b   _____ ?

        Le Alpi.

   c   _____ ?

        La primavera.

   d   _____ ?

        Le rose e i gladioli.

   e   _____ ?

        Il tennis.

   f   _____ ?

        Il saltimbocca alla romana.

   g   _____ ?

        Il prosciutto e melone e l'antipasto misto.

   h   _____ ?

        I fagiolini e gli spinaci.

14 *Cosa ha fatto?*
Talking about what you've been doing

NEW WORDS AND EXPRESSIONS

imbucare   *to post*   **fare molte feste**   *to make a fuss of*
insistere   *to insist*   **fare un po' di montagna**   *to spend some time in the mountains*
trovare   *to see/visit*

---

1 To say that you've done something in the past, you use **ho'** *I have*, followed by the past participle of the verb you need (see *Buongiorno Italia!* pp 164–5):
Stamattina ho comprato un po' di tutto . . .
Ho speso circa venticinquemila lire.

Follow the model in completing the answers to the questions below. For the change in pattern half way through, see *Buongiorno Italia!* p 256, para 39!

Cos'hai preso al bar?
Ho preso un amaro.

Cos'hai prestato a Michele?
Gli ho prestato un libro.

a Cos'hai comprato a Venezia?

_____ una borsa.

b Cos'hai lasciato all'albergo?

_____ il passaporto.

c Cos'hai visto a Roma?

_____ molte chiese.

d Cos'hai preparato per la colazione?

_____ gli spaghetti alla

carbonara.

e Cos'hai mandato a Luigi?

_____ una cravatta.

f Cos'hai regalato a Maria?

_____ dei fiori.

g Cos'hai detto a Mirella?

_____ di non partire

oggi.

h Cos'hai scritto a Piero?

_____ di venire a

trovarci.

---

2 The unstressed pronouns **lo, la, li, le** precede the verb in the past and **lo** and **la** are abbreviated to **l'** before **ho, hai, ha**, etc (see *Buongiorno Italia!* p 256). However, when these pronouns are used, the past participle of the verb 'agrees' with the pronoun in gender and number:
Ha comprato la borsa?
Sì, l'ho comprata questa mattina.

Answer the following questions according to the model:

Ha ricevuto la lettera?
No, ancora non l'ha rivevuta.

a Ha fatto la spesa?

_____ .

b Ha preparato la cena?

_____ .

c Ha preso il caffè?

_____ .

d Ha lavato i piatti?

_____ .

e Ha pagato il conto?

_____ .

f Ha scritto le cartoline?

_____ .

g Ha comprato i francobolli?

_____ .

h Ha imbucato le lettere?

_____ .

3 A small number of very common verbs use **essere** instead of **avere** to form the past tense. Many of these have to do with coming and going (see *Buongiorno Italia!* p 165):
Sono andato nel Canadá per lavoro e per studio.
Sono tornato in Italia l'anno scorso.

There are several of these common verbs in the following passage for you to work out:

Mary è una ragazza inglese che ha fatto la sua prima visita in Italia l'estate scorsa. Non ci _____ (andare) in aereo, ma ha voluto prendere il treno e il battello. Così non _____ (venire) direttamente in Italia, ma _____ (passare) per Parigi dove _____ (rimanere) qualche giorno per visitare la città, che le _____ (piacere) molto, come a tutti.

Quando Mary _____ (arrivare) a Torino, degli amici italiani, conosciuti in Inghilterra, _____ (venire) a incontrarla alla stazione e le hanno fatto molte feste, perché bisogna sapere che Mary è una ragazza assai simpatica. A Torino, gli amici non hanno dato a Mary un minuto di tempo per visitare un poco la città. Tutti insieme _____ (ripartire) subito per andare in Val d'Aosta a fare un po' di montagna in una delle valli che portano al Monte Rosa. Per Mary, quei giorni _____ (essere) tra i più belli della sua vita – almeno così ha scritto ad una sua amica di Londra.

Quando _____ (venire) il momento di tornare a Torino, Mary ha insistito a passare almeno due giorni per visitare la città. _____ (tornare) a casa tre giorni dopo, contentissima della bella vacanza.

4   In this exercise, we've mixed up verbs that take **essere** with verbs that take **avere** to form the past. Complete the answers, using the words in brackets, as in the models given:

Vuole provare questo vino?
No, grazie. *l'ho già provato.*   (già provare)

Non viene, Gabriella?
Gabriella *è venuta.* **Eccola là!**   (venire)

a Posso parlare con la signora Corti?

Mi dispiace, ma _____ .   (già partire)

b Vuole ordinare, signorina?

Grazie, ma _____ .   (già ordinare)

c Già tornato, signor Grassi?

Sì, _____ pochi minuti fa.   (tornare)

d È qui la signorina Longhi?

Sì, signore. _____ domenica. (arrivare)

e Vuole prendere altro, signore?

No, grazie. _____ di mangiare. (finire)

f Posso offrirle qualcosa, signora?

No, grazie. _____ .   (già mangiare)

g Dov'è il signor Magri?

_____ in camera un momento fa. (salire)

h Non deve telefonare Carlo?

Ma Carlo _____ .   (già telefonare)

5 This time we've chosen only pasts made with **avere**, but we've mixed up some preceded by **lo**, **la**, etc, and some not. Follow the model in completing the short dialogues:

Avete comprato tutto?
Abbiamo comprato la verdura e la frutta.   **(verdura frutta)**
E la carne?
Quella ancora non l'abbiamo comprata.

a Avete comprato i regali?

_____

_____ .   (quello per Anna quello per Pamela)

E quello per John?

_____ .

b Avete cambiato i soldi?

_____ .   (travellers' cheques)

E le sterline?

_____ .

c Avete ordinato?

_____ .   (primo secondo)

E il vino?

_____ .

d Avete lavorato bene?

_____ .   (imparare tutto lezione)

E gli esercizi?

_____ .   (fare)

6 Remember you say **andare a** with names of towns and **andare in** with names of provinces and countries (see *Buongiorno Italia!* p 166):
Domani devo andare a Torino per lavoro.
L'anno scorso per le vacanze siamo andati in Sicilia.

With the help of the model and the words in brackets, answer the following questions:

Dove andate quest'anno per le vacanze?
Andiamo a Orvieto per una settimana   **(Orvieto una settimana;**
e in Toscana per un'altra.   **Toscana una settimana)**

a Dove andate quest'anno per le vacanze?

_____ (Venezia una settimana;

_____ . Umbria una settimana)

b Dove siete andati l'anno scorso?

_____ (Germania dieci giorni;

_____ . Parigi cinque giorni)

c Dove volete andare l'anno prossimo per le vacanze?

_____ (Nuova York due settimane;

_____ . California due settimane)

d Dove andate quest'estate per le vacanze?

_____   (Roma una settimana;

_____.   Sicilia due settimane)

e Dove siete andati l'anno passato
   per le vacanze?

_____   (Portogallo due settimane;

_____.   Madrid una settimana)

f Dove volete andare l'estate prossima
   per le vacanze?

_____   (Città del Messico due

_____.   settimane; Florida due settimane)

g Dove andate quest'autunno per le vacanze?

_____   (Napoli cinque giorni;

_____.   Sardegna una settimana)

h Dove siete andati due anni fa per le vacanze?

_____   (Austria due settimane;

_____.   Monaco di Baviera* tre giorni)

* **Monaco di Baviera**, *Munich (Bavaria)*. Monaco on its own is the name of the principality in the south of France.

7   Translate the following passage into Italian. The speaker is female.

What have you done today?

What have we done today? Well, this morning Brenda and I went out[1] to look at the shops in the town centre. I bought a new bag, which I like very much. Brenda, on the other hand, looked for a pair of shoes to go with the new dress she bought two days ago, but didn't find them.

After that, we went into a restaurant near the hotel and there we had[2] a good bean soup and, for the second course, two good steaks with fried potatoes and a mixed salad. After a little fruit and a good cup of coffee[3], we came back to the hotel to rest[4] a little and read some Italian in the magazines we bought this morning.

A good day's[5] work!

[1] *to go out* **uscire** (use **essere**)   [4] *to rest* **riposare**
[2] Say *we took*, or *we ate*   [5] Use **giornata**, not **giorno**
[3] Say *a good coffee*

Don't worry if you don't get everything right first time, or even the second time. This is an exercise that depends a good deal on sheer memory. Keep doing it at intervals until you get it right. The important thing is to understand the type of mistake you are prone to make after it has been pointed out to you by the key or by a teacher.

15 *Sono stato a . . .*
Saying where you've been

NEW WORDS AND EXPRESSIONS

la capitale *capital*
la punta della lingua *tip of the tongue*
il sapone *soap*
dipingere *to paint*
coricarsi *to lie (oneself) down*

prepararsi *to get (oneself) ready*
sedersi *to sit (oneself) down*
ieri *yesterday*
come no? *of course!, and how!*

---

1 Which artist?

You may have noticed (*Buongiorno Italia!* p 173) that the names of well-known artists, writers, politicians, are used with a definite article before them: **il Tintoretto, il Puccini** – although this is by no means mandatory. The definite article is never used, however, before a first or given name, like **Giotto** or **Tiziano**.

Try your hand at matching the right artists with their works. The models will get you started.

Chi ha dipinto L'amore sacro e l'amore profano[1]?
Tiziano. L'ha dipinto Tiziano*.

Chi ha dipinto La nascita di Venere[2]?
Il Botticelli. L'ha dipinta il Botticelli.

Leonardo
Raffaello
Palladio
Dante
Michelangelo
Boccaccio
Bernini
Piero della
   Francesca

a Chi ha scritto La divina commedia[3]?

_____ .

b Chi ha costruito la Piazza San Pietro a Roma?

_____ .

c Chi ha dipinto La Mona Lisa[4]?

_____ .

d Chi ha dipinto la Cappella Sistina[5]?

_____ .

e Chi ha disegnato il Teatro Olimpico?

_____ .

f Chi ha dipinto La flagellazione[6]?

_____ .

g Chi ha dipinto La Fornarina[7]?

_____ .

h Chi ha scritto Il decamerone[8]?

_____ .

* In *Buongiorno Italia!* p 173, perhaps the speaker should not have said **il Tiziano**. The artist's name was **Tiziano Vecellio**.
[1] **L'amore sacro e l'amore profano** *Sacred and Profane Love*
[2] **La nascita di Venere** *The Birth of Venus*
[3] **La divina commedia** *The Divine Comedy*
[4] In Italy the painting is better known as **La Gioconda**, *The Smiling Lady*
[5] **La Cappella Sistina** *the Sistine Chapel*
[6] **La flagellazione** *The Flagellation*
[7] **La Fornarina** *The Baker's Wife*
[8] **Il decamerone** *The Decameron*

2 Several Italian verbs can have the meaning of doing something to do with oneself, one's own person, eg **alzarsi** *to get (oneself) up*, **sedersi** *to sit (oneself) down*. When used in this way, they are accompanied with the pronouns **mi, ti, si**, etc (see *Buongiorno Italia!* p 176):

alzare *to lift (something)*   **alzarsi** *to get (oneself) up*
lavare *to wash (something)*   **lavarsi** *to wash (oneself)*
Verbs used in this way are known as reflexive verbs.

Here are some everyday reflexive verbs. You fill the gaps, as in the model.

Perché non ti fermi? Siamo arrivati!   **(fermarsi)**

a _____? Non ti senti bene?   (alzarsi)

b _____? Non c'è sapone?   (lavarsi)

c _____? È già mezzogiorno!   (vestirsi)

d _____? È un ristorante elegante.   (cambiarsi)

e _____? Io mi sono già servita.   (servirsi)

f _____? È mezz'ora che sono pronta! (prepararsi)

g _____? Non sei stanco?   (sedersi)*

h _____? È già mezzanotte!   (coricarsi)

* The present of **sedere** is slightly irregular:
siedo siedi siede sediamo sedete siedono

3 When you use **più** (or **meno**) with an adjective followed by a verb, **che** *that* is the word you use before the verb.

Follow the models below in filling the gaps:

Vorrei un vino secco.
Qual è il vino più secco che avete?
Questa città è bella.
Qual è la città più bella che conoscete?

a Vorrei una guida interessante.

   _____?

b Questo scultore è famoso.

   _____?

c Vorrei un'escursione artistica.

   _____?

d Vorrei una borsa grande.

   _____?

e Questo albergo è caro.

   _____?

f Questa persona è importante.

   _____?

g Vorrei un libro facile.

   _____?

h Questo bar è simpatico.

   _____?

4 As well as having the meaning *us, to us, for us* (see Chapter 12, exercise 6), **ci** also has the meaning of here, or there, according to context (see *Buongiorno Italia!* pp 176–177).

Fill the gaps, using **ci** and the verbs in brackets as in the model:

A che ora arriviamo a Milano?
Ci dobbiamo arrivare **alle dodici e un quarto.**   **(dovere arrivare)**

a Lei viene spesso a Stresa?

_____ sempre con molto piacere.   (venire)

b Non potete andare in Italia quest'anno?

Purtroppo quest'anno non _____.   (potere andare)

c È da molto che abita a Londra?

Eh sì, _____ da anni.   (abitare)

d Non va in montagna quest'anno per le vacanze?

Come no? _____ tutte le vacanze.   (tornare)

e Venite spesso in questo bar?

Sì. Di solito _____ l'aperitivo.   (venire a prendere)

f Quando andate al lago a pescare?

_____ domenica prossima.   (dovere andare)

g Mangiate spesso in quel ristorante?

_____ quasi tutte le domeniche.   (andare a mangiare)

h Zucchero?

Eh sì, nel caffè _____ sempre molto zucchero!   (mettere)

5 In this exercise, fill the gaps with the correct forms of **fare**:

a Andiamo a _____ una passeggiatina?

La vuoi _____ oggi? Perché non la _____ domani?

b Cosa _____ ieri mattina, Mirella?

_____ la spesa. _____ la spesa tutti i mercoledì.

c Cosa ____ il figlio di Cesare? Quello più giovane, sai?

____ il meccanico. Tutti i figli di Cesare _____ il meccanico.

d Cosa _____ di bello voi due?

Stasera _____ riposo. Ogni sera, da quando siamo arrivati, _____

qualcosa!

e Perché non _____ il bagno anche voi? L'acqua è meravigliosa questo

pomeriggio.

_____ colazione poco tempo ____: non è bene _____ il bagno

appena dopo mangiato.

6 The two verbs for *to know*, **sapere** and **conoscere**, are not interchangeable (see *Buongiorno Italia!* p 177). **Sapere** is to know in the sense of knowing a fact, or how to do something; **conoscere** is to know in the sense of being acquainted with somebody or something.

Fill the gaps in the following exercise with the correct forms of **sapere** or **conoscere** and of the pronoun **lo**, **la**, etc, as shown by the models:

Gianni parla lo spagnolo?
Come no! *Lo sa* **parlare abbastanza bene.**

Quella signora è la signora Rossi?
Sì. Perché? Non *la conosce?*

a È arrivato Roberto!

Sì, _____ .

b È mai stato a Torino?

Sì, ci vado spesso. _____

molto bene.

c Non ho mai assaggiato i vini di

Orvieto.

Io invece _____ molto

bene!

d Qual è la capitale dell'Honduras?

Aspetti, _____ , l'ho sulla punta

della lingua!

e Sei mai stato in America?

Due o tre volte, ma vorrei

_____ meglio.

f La sterlina è a 1,500 lire!

Sì, _____ .

g Dov'è andato Giuseppe?

Vorrei _____ . Lo

cerco anch'io.

h Ha letto i libri di Eco?

_____ il nome, ma non

ho letto i libri.

7 The plural of nouns and adjectives that end in **-ico** can be rather tricky (see *Buongiorno Italia!* p 253, para 22, and p 254, para 25). A well-known rule, but not a foolproof one, says that when the **i** of **-ic** does not carry the word stress, the plural is **-ici**, and when it does, it's **-ichi**:

drammatico	**drammatici**	The main exception is
classico	**classici**	**amico** *friend* (pl) **amici**
pubblico	**pubblici**	

Feminine plurals are always regular:

amica	**amiche**	**classica**	**classiche**
drammatica	**drammatiche**	**pubblica**	**pubbliche**

Now try your hand at turning the following sentences into the plural, as in the model:

Quell'amico di Giulia è molto simpatico.
Quegli amici di Giulia sono molto simpatici.

a Questo servizio è pratico, simpatico e anche abbastanza artistico.

_____ .

b Quel palazzo è gotico ma la facciata non è gotica.

_____ .

c Questa trattoria è molto tipica della regione.

_____ .

d Il figlio di Cesare è un buon meccanico.

_____ .

e Quel palazzo lì non è gotico! È barocco!

_____ .

f Quell'amica di Fabio è poco simpatica.

_____ .

g Questo piatto è molto tipico della regione.

_____ .

h Il gioco meccanico mi piace poco.

_____ .

16 *Rivediamo un po'...*
Revision (4)

NEW WORDS AND EXPRESSIONS
l'anfiteatro *amphitheatre*
il cantante *singer*
la fame *hunger;* **avere fame** *to be hungry*
la sete *thirst;* **avere sete** *to be thirsty*
il principio *beginning*
il Trecento *14th century*
vicentino *of/from Vicenza*
asciugare *to dry*
cantare *to sing*
considerare *to consider*
funzionare *to function*
seppellire (pp sepolto) *to bury*

1 You'll have noticed that many common verbs don't follow the regular patterns (see *Buongiorno Italia!* p 154) in forming the past participle. You've already met several, and the following exercise will refresh your memory.

Follow the model to complete these conversations:

Sono andato a fare una passeggiata.
Dove *l'hai fatta?*

a Sono uscito a vedere l'ultimo film di Fellini.

Dove _____?

b Ho cercato di spendere poco.

Quanto _____?

c Ho finito di scrivere le cartoline.

A chi _____?

d Sono andato a prendere un gelato.

Dove _____?

e Sono rimasto a casa a leggere un libro.

Cosa _____?

f Ho dovuto dirlo a qualcuno.

A chi _____?

g Ho preferito mettere la bicicletta dentro.

Dove _____?

h Sono uscito a chiedere l'ora.

A chi _____?

2 As shown in the following exercise, an Italian past tense like **sono andato** *I have gone/ been*, can also have the meaning of *I went* (see ***Buongiorno Italia!*** p 261, para 63).

Practise choosing **avere** or **essere** correctly in forming the past tense. Fill the gaps with the correct form of the verb in brackets:

Come _____ (passare) il fine settimana, noi? Allora, sabato

mattina _____ (andare) in centro e _____

(fare) la spesa. Poi _____ (tornare) a casa e _____

(preparare) una buona cena per degli amici che _____

(venire) a trovarci.

  Cosa _____ (preparare)? _____ (fare)

degli gnocchi con una buona salsa di pomodoro. _____

(cuocere) un pollo allo spiedo, che _____ (servire)

con un'insalata mista. _____ (mangiare) anche un po' di

formaggio e della frutta fresca e _____ (bere) un buon vino

rosso della regione. Poi _____ (prendere) il caffè e

_____ (chiacchierare) fino a tardi. A mezzanotte circa gli

amici _____ (tornare) a casa e noi _____

(andare) a dormire.

  E i piatti, chi li _____ (lavare)? I piatti li _____

_____ (lavare) la mattina·dopo, cioè io li _____ (lavare) e

mia moglie li _____ (asciugare) e li _____

(mettere) via.

  E domenica, cosa _____ (fare)? Domenica non

_____ (fare) niente. _____ (dormire),

_____ (mangiare), _____ (guardare) la

televisione e basta.

---

3 Mai niente

Unlike English, negatives like **mai** *never*, **niente** *nothing*, or **nessuno** *nobody*, still require the use of **non** before a verb, so that a double negative is mandatory in Italian.

Combine one of the negatives with one of the verbs in the box to form suitable answers to the questions opposite, as shown in the model:

Conosci la Russia?
No, *non ci sono mai stato/a.*   **(mai essere)**

mai	niente	nessuno
assaggiare	mangiare	provare
bere	parlare	studiare
comprare	prestare	

a	Sai un po' di russo?	No, _____.
b	Con chi hai chiacchierato?	_____.
c	È caro quel negozio!	Lo so! _____.
d	Dov'è andato l'ombrello?	Non lo so! _____.
e	Ti piace il risi e bisi?	Non lo so! _____.
f	Non sai sciare?	No, _____.
g	Hai fame?	Molta! _____ ancora _____.
h	Hai sete?	Molta! _____ da stamattina.

4 Reflexive verbs

When referring to the past, reflexive verbs are always used with **essere** (see *Buongiorno Italia!* p 176), so that the past participle agrees in gender and number with the subject – as it always does with **essere**. Remember that if a plural adjective or past participle has to agree with a masculine and a feminine singular noun or pronoun, it is always put in the masculine plural (see *Buongiorno Italia!* p 253, para 24). If you're unsure of the pronouns that go with reflexive verbs, you'll find them listed in *Buongiorno Italia!* p 176.

This exercise practises reflexive verbs, but we've included some verbs that aren't reflexive, just for good measure.

Una lunga giornata

Ieri io _____ (svegliarsi) molto presto, prima delle

sette, e _____ (alzarsi) subito. _____

_____ (lavarsi), _____ (vestirsi), e _____

_____ (preparare) la colazione per me e mia moglie.

Un giorno la _____ (preparare) io la colazione e un giorno la

_____ (preparare) lei. Quando la _____ (preparare) io,

_____ (lavare) i piatti lei, quando la _____ (preparare) lei,

_____ (lavare) i piatti io. Così _____ (fare) da quando

_____ (sposarsi) e non _____ (discutere) mai.

Non è vero che _____ (essere) bravi?

Ieri _____ (avere) molto da fare tutti e due, mattina

e pomeriggio. Neanche un minuto per _____ (riposarsi) un poco. Non

_____ (fermarsi) un momento. La sera poi _____

_____ (andare) in una discoteca con amici, dove _____

_____ (divertirsi) molto ma dove _____

(stancarsi) ancora di più dopo una giornata già molto lunga.

5 This exercise will help you revise how to use two pronouns, eg **me lo**, **me le**, **glieli**, etc, before verbs. Fill the gaps according to the model. If you're unsure of the pronouns, you'll find them listed in *Buongiorno Italia!* p 256, paras 38 and 39.

> **Questa radio non funziona molto bene.** *Me la può* **guardare, per favore?**
> **Certo, signorina,** *gliela guardo* **subito.**

a È un po' grosso, questo pacco. _____ mandare a casa, per favore?

    Certo, signora, _____ subito!

b Allora prendiamo questo servizio da caffè. _____ incartare, per favore?

    Certo, signora, _____ subito!

c Questi pantaloni sono un po' corti. _____ cambiare, per favore?

    Certo, signore, _____ subito!

d Abbiamo comprato questi fiori. _____ mettere in un vaso, per favore?

    Certo, signora, _____ in un vaso subito!

e Queste valige sono troppo pesanti per noi. _____ portare lei, per favore?

    Certo, signore, _____ subito!

f La macchina non va molto bene. _____ controllare, per favore?

    Certo, signorina, _____ subito!

g Quella borsa che abbiamo visto ieri, _____ mostrare di nuovo, per favore?

    Certo, signorina, _____ subito!

h Non riesco ad aprire questa valigia. _____ aprire lei, per favore?

    Certo, signora, _____ subito!

6 Lettura

Here's another piece of travelogue Italian which shouldn't give you much trouble to read at this stage – that's if you've been doing your homework! We've left out the verb forms this time.

Città del Veneto

Una della città più interessanti del Veneto è senza alcun dubbio Vicenza. Di origine antica, Vicenza oggi _____ (legare) principalmente al nome di Andrea Palladio, il grande architetto del Cinquecento.

La città è ricca di importanti monumenti medievali e rinascimentali. Medievale è la Casa Longhi, rinascimentali invece _____ (essere) la Piazza dei Signori[1], con le sue magnifiche Logge Palladiane, e il Teatro Olimpico[2], costruito tra il 1580 e il 1584 su disegno del Palladio e uno dei più bei teatri del Rinascimento.

Nella campagna intorno a Vicenza _____ (trovarsi) le numerose Ville Palladiane, tra le quali La Rotonda[3], considerata l'esempio più alto dello stile palladiano. Molte ville e palazzi inglesi _____ (costruire) sullo stile dell'architetto vicentino, stile portato in Inghilterra da Lord Burlington dopo la sua visita a Vicenza nel 1719.

Verona è una città bellissima sul fiume Adige, non lontano dal Lago di Garda. È famosa soprattutto per l'Arena, il grande anfiteatro romano dove ogni anno c'è una stagione di opera. Qui _____ (venire) a cantare i migliori cantanti italiani e stranieri, e naturalmente veronesi e turisti _____ (andare) a sentirli. L'antico foro romano _____ (diventare) oggi la pittoresca Piazza delle Erbe, dove ogni giorno c'è un bel mercato. Vi _____ (essere) anche i resti di un teatro romano e la Torre dei Lombardi, cominciata nel 1172. Il castello dei Della Scala, signori* di Verona ai tempi di Dante ai principi del Trecento, è un interessante esempio di architettura militare del medioevo. Oggi, il castello _____ (chiamare) il Castelvecchio e _____ (ospitare) un bellissimo museo.

La campagna intorno a Verona _____ (conoscere) per i suoi buoni vini: il vino bianco Soave e i rossi Valpolicella e Bardolino.

Per gli studenti di Shakespeare, c'è una tomba nel chiostro della Chiesa di S. Francesco dove, così _____ (dire), Giulietta _____ (seppellire). C'è anche il balcone di Giulietta, nel cortile di un palazzo medievale di Via Cappello, il palazzo dei Capuleti.

'Queste sono le case dei Cappello onde uscì quella Giulia per cui tanto piansero i cuori gentili e i poeti cantarono.'**

[1] Illustrata a p 189, [2] illustrata a p 23, [3] illustrata a p 27 di *Buongiorno Italia!*

* Lords
** *'These are the homes of the Cappello family, whence came that Juliet for whom all noble hearts wept and many a poet sang.'* (Inscription at the entrance to the house of the Capulets)

6a   Now fill in the gaps with the correct verb forms.

6b   Answer, in Italian, the following questions relating to the passage:

a A quale nome è legata principalmente Vicenza?

b Cos'è il Teatro Olimpico?

c Chi ha portato in Inghilterra lo stile palladiano, e quando?

d Dove è situata Verona?

e Cosa danno ogni anno all'Arena di Verona?

f Perchè Verona è così ben conosciuta dagli inglesi?

6c   Translate the following sentences into Italian:

a The most famous square in Vicenza is the Piazza dei Signori. It is one of the most beautiful squares I have seen.

b In Verona too there is a famous square. It is the Piazza delle Erbe, which occupies the site[1] of the old Roman forum. Among the other Roman ruins of Verona, there is what remains of the ancient theatre and there is also the very well-known[2] Arena.

c *(The writer is an aspiring young actress)* Yesterday I went on an excursion[3] to Verona and I saw Juliet's tomb in the cloister of one of the churches there[4]. We also stopped before Juliet's house and I saw the famous balcony. I felt very moved[5]; it was one of the most romantic moments I have passed.

[1] **sito**
[2] say *the very known*
[3] say *I went in excursion*
[4] say *of the place*
[5] in this sense, **emozionata**

17 *Casa, famiglia e lavoro*
Talking about your home, family and work

NEW WORDS AND EXPRESSIONS

la barba *beard*
i capelli (pl) *hair*
il computer *computer*
la penna *pen*

gli occhiali da sole *sunglasses*
pulire *to clean*
farsi *to buy/build/etc for oneself*

Possessive adjectives and pronouns

Unlike English, possessive adjectives in Italian are normally used with an article. Also unlike English, possessive adjectives and pronouns share the same form. Note too that Italian possessives agree in gender and number with the thing possessed:

Il mio nome *My name*
Questo libro è mio *This book is mine*
Queste sono le mie valige *These are my suitcases*

If you're unsure of the forms, look them up in *Buongiorno Italia!* p 251.

---

1   Follow the models to work out the questions:

> **Il tuo passaporto è qui.** *E il mio, dov'è?*
> **Le tue riviste sono queste.** *E le mie, quali sono?*

a   Il tuo scontrino è qui. _____ ?

b   I tuoi libri sono questi. _____ ?

c   La chiave della tua camera è questa. _____ ?

d   Le tue valige sono qui. _____ ?

e   I tuoi giornali sono qui. _____ ?

f   La tua macchina è questa. _____ ?

g   Le tue medicine sono qui. _____ ?

h   Il tuo albergo è questo. _____ ?

---

2   If you're talking about one family relative, the article before the possessive is dropped: **mia moglie**, **mio fratello**, etc (for a fuller statement see *Buongiorno Italia!* p 252, para 15).

> In this exercise, we've mixed words that take a definite article when used with a possessive with words that don't. You sort them out. Fill each gap with a possessive, plus or minus the definite article. Some of the gaps also require the prepositions **a** or **in**.

a   Abito con _____ famiglia in un appartamento al terzo piano in via Garibaldi.

_____ camera è grande, con una bella vista sulla Piazza dei Fiori. Ci abito con

_____ madre, _____ fratello Marco e _____ sorella Silvana. _____ fratello

Alessandro è sposato e ha _____ casa. _____ moglie si chiama Maria Grazia e

hanno già un bambino di due anni.

b Abito con _____ moglie e _____ due figli, Marisa e Gianni, in una villetta a pochi chilometri dal centro. Ci abitiamo da cinque anni. _____ casa non è grande, ma c'è un bel giardino dove _____ bambini amano giocare, specialmente _____ figlia. Ci sono molti fiori _____ giardino e anche qualche albero. In fondo al giardino abbiamo pure una vigna, e ogni anno, a ottobre, _____ moglie ed io facciamo la vendemmia e poi l'uva ce la mangiamo tutta!

c Io studio legge all'Università di Pavia e abito nel Collegio Ghisleri. Abbiamo tutti _____ camera privata, ma a me piace studiare con _____ amici, _____ camera, oppure _____ . Anche _____ fidanzata, Antonella, studia legge. Durante le vacanze, andiamo a Lecco, sul Lago di Como, dove abito e dove vivono _____ genitori, oppure andiamo a Genova, a stare con _____ . Vogliamo sposarci quando abbiamo terminato _____ studi e vogliamo andare ad abitare a Genova. _____ genitori questa idea non piace molto, _____ sì!

3 Italian nearly always uses a reflexive construction where English has a possessive in sentences like:

Mi lavo la faccia *I wash my face* (lit: *for/to myself I wash the face*)

Follow the pattern in completing these sentences:

Mi **sono lavato le mani.**
Ci **facciamo fare la camera subito?**

a Aspetta un attimo mentre ____ allaccio le scarpe.

b Perché non ____ fai lavare la camicia?

c Guarda! ____ è messo la cravatta nuova!

d Ma quando ____ facciamo pulire la macchina?

e Sai, quelli non ____ fanno la barba tutti i giorni.

f Da chi ____ fa tagliare i capelli, signorina?

g ____ è riposata un po' sul letto, poverina.

h Qui ____ potete fare lucidare le scarpe tutti i giorni.

4 When talking about something that people may be expected to possess, a definite article is used where English has an indefinite article (see *Buongiorno Italia!* p. 250, para 4):

Ha il garage? *Have you got a garage?*

Answer the following questions according to the models:

Non ha il frigorifero? *No. Me lo devo ancora comprare.*
Non avete il garage? *No. Ce lo dobbiamo ancora fare.*

a Non ha il congelatore? _____ .

b Non avete la soffitta? _____ .

c Non ha la lavastoviglie? _____ .

d Non avete il terrazzo? _____ .

e Non ha la macchina? _____ .

f Non avete la camera degli ospiti? _____ .

g Non ha il computer? _____ .

h Non avete la villetta in campagna? _____ .

5 When there's no ambiguity about the possessor, the possessive adjective is often left out
(see *Buongiorno Italia!* p 252, para 17). So you say:
Ogni sera esce con gli amici *Every evening he goes out with his friends*

With the above in mind, translate the following sentences into Italian:

a She doesn't want to live with her family.

_____ .

b Could you (**lei**) lend me your pen, please?

_____ ?

c He wants to come with his mother.

_____ .

d Where did I put my sunglasses?

_____ ?

e When do you (**voi**) want to take your holidays?

_____ ?

f They don't want to come without their wives.

_____ .

g I don't want to leave my passport in my room.

_____ .

h Why don't you (**tu**) want to get your ticket at the station?

_____ ?

6 **Ne** is a frequent unstressed pronoun. It has the general meaning of *of it, of them* (see
Buongiorno Italia! p 202). Its use is generally mandatory in such sentences as the ones
given in the exercise that follows, although it would sound clumsy if translated in
equivalent English sentences. Its position in a sentence is very much like that
of **lo**, **la**, etc.

Complete the dialogues, according to the models given:

Mi dà di quelle banane, per favore?
Quante *ne* vuole? Un chilo?

Vorrei dell'olio d'oliva.
Quanto *ne* desidera? Mezzo litro?

a Mi dà un po' di zucchero, per favore?

Certo! Quanto ____ vuole?

b Sono belli i suoi pomodori!

Vero? Quanti ____ vuole?

c Le è piaciuto il film di Bertolucci?

Molto! ____ vorrei vedere un altro.

d Hai finito di scrivere cartoline?

No. ____ devo scrivere ancora cinque.

e Quanti anni ha il figlio della signora Rossi?

____ deve avere almeno quindici.

f Quante cartoline ha preso?

____ ho prese _____ : sette a 800 e sei a 650.

g Quanti animali tenete in casa?

____ abbiamo _____ : tre cani, sette gatti e un canarino.

h Quanti paesi ha visitato?

____ ho visitati _____ : tutti i paesi della CEE*!

* Comunità Economica Europea

7 When a possessive adjective is used after **essere** and is not attached to a noun, it tends to lose the article:
Questa valigia è sua? Sì, è mia. But: **Sì, è la mia valigia.**

Note also that the distinction made in English between *his book* and *her book*, *his pen* and *her pen*, is not made in Italian:
il suo libro, la sua penna

Suo is used before a masculine noun like **libro**, and **sua** before a feminine noun like **penna**, regardless of the sex of the owner.

Fill the gaps with one of the forms of **(il) suo**:

a Questi giornali sono di Mario. Anche queste riviste sono _____ .

b Lei prende le sue vacanze d'estate. E lui, quando prende _____ ?

c Sa dov'è la signora Rossi? La cerca _____ marito.

d Queste rose sono di Gabriella. Anche questi gladioli sono _____ .

e Conosci Francesca? Sai quanti anni ha _____ marito?

f A lui piace passare i week-end in montagna, a lei piace passare _____ al mare.

g Mario ha dodici anni. _____ sorella, quanti ne ha?

h Il signor Bianchi è veramente simpatico, come pure _____ moglie.

18 *Com'era una volta?*
Talking about how things used to be

NEW WORDS AND EXPRESSIONS
l'archeologia   *archaeology*
la luna   *moon*
lo sciopero   *strike*
il punto   *point*
il successo   *success*
una ventina   *about twenty*
brillare   *to shine*
garantire   *to guarantee*
piovere a catinelle   *to rain cats and dogs, to pour*
immodestamente parlando   *modesty apart (lit. immodestly speaking)*
in fatto di   *on the subject of*

---

1   A special tense, the imperfect, is used to say one used to do something:
andavo *I used to go*
vivevo *I used to live*
uscivo *I used to go out*

The endings are very regular for the great majority of verbs: the *I* form has **-avo** for **-are** verbs, **-evo** for **-ere** verbs and **-ivo** for **-ire** verbs (see *Buongiorno Italia!* pp 258–9).

Make up sentences using the imperfect and the present, using the material given in brackets as indicated by the model.

A Londra? Ci abitavo fino a due anni fa, ma ora non ci abito più.   (abitarci fino a due anno fa)

a   Il russo? _____   (parlare bene molto tempo fa)

b   Luigi? _____   (vedere spesso anno scorso)

c   A Roma? _____   (andarci spesso per lavoro)

d   La rumba? _____   (ballare bene molto anno fa)

e   Di questo formaggio? _____   (averne ancora settimana scorso)

f   Il teatro? _____   (piacermi molto da giovane)

g   Al mare? _____   (andarci ogni estate fino a anno scorso)

h   Il ricamo? _____   (farne molto da ragazza)

2   Here's a more extended piece, where someone describes life in his/her home
town in North Italy in the fifties, when he/she was a teenager. The gaps all require
to be filled by imperfects, one or two of which are irregular . . . (for the forms, see
Buongiorno Italia! pp 258–9).

Cosa facevate, come vivevate negli anni '50?

Negli anni '50, _____ (vivere) in una casetta della periferia. Noi ragazzi

_____ (andare) a scuola. I nostri genitori _____ (avere) un negozio

in centro. _____ (essere) un piccolo negozio di moda e _____

(vendere) abiti da signora. Signore anziane – o almeno signore che a noi

_____ (sembrare) anziane – _____ (venire) a comprare i vestiti,

che _____ (potere) costare anche parecchio! Ma noi non _____

(avere) molti soldi.

I miei* _____ (uscire) di casa tutte le mattine alle sette e mezza e _____

_____ (andare) in centro con il tram. Non c'_____ (essere) tanti autobus,

allora. _____ (aprire) il negozio alle otto di mattina e lo _____

(chiudere) alle sei di sera. Non _____ (tornare) mai a casa prima

delle sette.

Noi _____ (andare) a scuola in bicicletta e _____ (tornare) alle

cinque. _____ (studiare) le lezioni, _____ (aiutare) a preparare da

mangiare, e poi, alle otto, _____ (mangiare) tutti insieme. Dopo cena,

c'_____ (essere) sempre qualche cosa da fare. C'_____ (essere) i

piatti da lavare, poi ciascuno _____ (fare) quello che _____ (volere)

fare: _____ (leggere) un libro, o il giornale, oppure _____ (sentire)

la radio – allora non _____ (avere) la televisione – oppure _____

(scrivere) una lettera.

Poi _____ (andare) tutti a dormire e così _____ (finire) un'altra

giornata!

* *My parents*

3   Another basic use of the imperfect is the one conveyed in English by the *was ...ing*, or
progressive form of the past:
dormivo *I was sleeping*
mangiavo *I was eating*

In this use, it makes a sharp contrast with the past tense formed with **avere** or **essere**:
ho mangiato *I ate, I have eaten* versus: **mangiavo** *I was eating, I used to eat*
sono andato *I went, I have been* versus: **andavo** *I was going, I used to go*
In this use, the tense is very frequent in narratives and descriptions.

Here's a short exercise in which each line has one example of each of the two past
tenses described above, as you can see from the model:

Quando *sei entrata, leggevo* **il giornale.**   **(tu: entrare
io: leggere)**

a _____ mentre _____ fuori.   (tu: telefonare
io: essere)

b Quando _____ , _____ a catinelle.   (io: uscire
piovere)

c _____ trovarlo, ma non _____ in casa.   (io: andare
Mario: essere)

d _____ tardi. _____ già notte.   (io: rientrare,
essere)

4 Now a short piece of narrative where the two tenses are mixed up. You sort them out:

La notte _____ (essere) calda e io non _____ (potere) dormire.

_____ (essere) quasi le due quando mi _____ (alzarsi)

per prendere qualcosa di fresco. _____ (andare) in cucina,

ma nel frigorifero non c'_____ (essere) più niente di buono da bere. Così

_____ (uscire) sul terrazzo dove _____ (brillare) una

bellissima luna d'argento. _____ (rimanere) lì per una ventina di

minuti, penso, e _____ (stare) proprio sul punto di rientrare quando ___

_____ (sentire) lo strano rumore . . .

5 The unstressed pronoun **si** is used a great deal in 'impersonal' constructions where the subject is left unexpressed and where it corresponds to *one, you,* or *we* in equivalent English expressions:

Come si dice . . . ? *How does one say . . . ?/How do you say . . . ?*

Non si vede niente *One/you/we can't see anything*

Follow the model in completing the sentences. We've also left gaps for one or two prepositions:

Da 'Zia Teresa' *si mangia* **(mangiare) molto bene.**

a ___ questa piazza non _____ (potere) parcheggiare.

b Domani, _____ l'escursione, _____ (partire) alle sette.

c _____ andare a Siena _____ (passare) per Firenze.

d _____ il Super Rapido _____ (viaggiare) molto comodamente.

e _____ questi muri _____ (sentire) tutto nella camera accanto!

f ___ che ora _____ (uscire) questa sera?

g _____ qui ___ Roma ci _____ (mettere) tre ore.

h _____ (dire) che una rondine non fa primavera*.

* One swallow doesn't make a summer

6 The unstressed pronoun **ne** is frequently used with the meaning of *about it,* as in:

Quanto ne sai? *How much do you know about it?*

Non ne so niente *I know nothing about it*

Here's an exercise to practise the above use. It includes some reflexive verbs. Remember that they require a reflexive pronoun and form the past tense with **essere**, as shown by the second model:

Chi te ne ha parlato?

Me *ne ha parlato* **Rosina.** (parlare)

Qual è la migliore strada per Ravenna?

Me *ne sono informato/a* **stamattina. È questa.** (informarsi)

a Come lo sai?

Me _____ qualcosa Luigi. (dire)

b Quanto ne sai!

Me _____ due parole Maria. (scrivere)

c Come sei bene informato!

_____ qualcosa sul giornale. (leggere)

d Oggi c'è sciopero.

Lo so. _____ qualcosa alla radio. (sentire)

e Sono arrivati altri inglesi!

Già! _____ qualcosa dalla cameriera (sapere)

f Ti piace l'archeologia?

Sì, molto. _____ qualche anno fa. (interessarsi)

g Non hai preso il giornale?

Mi dispiace, ma _____ . (dimenticarsi)

h Hai fatto benzina?

Sì. _____ in tempo. (ricordarsi)

7   We looked at the difference between **sapere** and **conoscere** in Chapter 15. This exercise is all on **sapere**: fill the gaps with suitable forms of the verb.

Quanto ne sapete sul verbo sapere?

Carissima,

Ieri Carlo è venuto a trovarci. Come tu _____ , Carlo è bravissimo con le piante e ____ tutto quello che c'è da _____ sulla coltivazione dei fiori, ____ più di quello che Teresa e io _____ in fatto di rose. E tu _____ che, immodestamente parlando, non sono molti da queste parti quelli che ne _____ più di noi sulle rose. Appena arrivato, Carlo ha voluto fare un giro del nostro giardino e, dopo un poco, _____ cosa ci ha detto? Ci ha detto: '_____ che avevate una bella collezione di rose, ma non me l'immaginavo così grande né così ben tenuta. _____ cosa vi dico? Perché non ci mettiamo insieme, voi ed io, e scriviamo un libro sulla coltivazione delle rose? Con quello che _____ io e quello che _____ voi, il successo è garantito!' _____ cosa abbiamo risposto . . . ?

19 *Parliamo un po'...*
Talking to people

NEW WORDS AND EXPRESSIONS
l'architettura *architecture*
la professoressa *teacher* (f)
bruno *dark, brunette*
corretto *correct*
noialtri *we*
voialtri *you, you people*
al dente *slightly underdone (of pasta, rice)*

1 Lui e lei

Lui, **lei** are the subject pronouns *he, she*, but they are only used when there is need for emphasis or contrast (see *Buongiorno Italia!* pp 223 and 255).

Build up sentences with the material provided, as shown by the model.

Sono scozzesi tutti e due. Lui è di Glasgow, lei è di Edimburgo.
(scozzese tutti e due; Glasgow Edimburgo)

a _____.
(sposato da un anno; inglese francese)

b _____.
(lavorare tutti e due; fare meccanico fare cameriera)

c _____.
(studente; studiare architettura studiare scienze politiche)

d _____.
(fidanzato; vivere Lecco vivere Genova)

e _____.
(coppia simpatica; biondo bruno)

f _____
_____.
(tutti e due piacere molto la danza; preferire danza classica preferire danza moderna)

g _____.
(non essere d'accordo; volere uscire volere restare casa)

h _____.
(essere qui vacanza; arrivare ieri essere qui una settimana)

2 Loro

Loro is the plural of **lui** and **lei**. All three are also used as object pronouns with prepositions like **a**, **per**, **con**, etc (see *Buongiorno Italia!* p 255):
l'ho dato a lui, ho parlato con loro pochi minuti fa, etc

This exercise will make you practise the above function. Follow the two models provided.

Incidentally, you may already have noticed that in most cases you are free to place the unstressed pronouns **lo**, **la**, **ci**, **ne**, etc either before a verb followed by another in the infinitive, or after the infinitive. So you can say: **lo posso mangiare** or **posso mangiarlo**, **ci vorrei abitare** or **vorrei abitarci**, etc. This applies to all the examples below:

Mario vuole mangiare in albergo.
Vorrei mangiarci anch'io con lui.

Maria non può prenotare i posti.
Posso prenotarli io per lei.

a Renata vuole andare a Roma.

_____ .

b Vincenzo non può parcheggiare la macchina.

_____ .

c Maria e Pia vogliono tornare a casa.

_____ .

d Susanna non può imbucare la lettera.

_____ .

e I Bottai non possono accompagnare Luisa.

_____ .

f Elisabetta vuole cenare in città.

_____ .

g Remo vuole restare in albergo.

_____ .

h Marta e Maria non possono fare la spesa.

_____ .

---

3 **Gli** and **le** are the unstressed object pronouns *(to) him*, *(to) her*. We met them briefly in Chapter 14, exercise 1 (see also *Buongiorno Italia!* p 256, para 39). The following exercise will give you more practice in handling them.

Complete the questions according to the models given:

Il professore sembra poco contento.
Gli ha detto qualcosa, lei?

La professoressa sembra poco contenta.
Le ha detto qualcosa, lei?

a Il cameriere sembra poco contento.

_____ , tu?

b La cuoca sembra poco contenta.

_____ , lui?

c Il custode sembra poco contento.

_____ , voi?

d La commessa sembra poco contenta.

_____ , tu?

e L'impiegata sembra poco contenta.

_____ , loro?

f Il tabaccaio sembra poco contento.

_____ , lui?

g La cameriera sembra poco contenta.

_____ , voi?

h Il direttore sembra poco contento.

_____ , loro?

4 The forms of **dire**, *to say*, are irregular, but not all that irregular (see *Buongiorno Italia!* p 259). Here's an exercise to help you learn the forms of the present of **dire** and revise those of -**are** verbs. Follow the model:

> **Io dico che ha ragione Lucia. Lei** *cosa ne dice?*
> **Io penso che ha ragione Fabio. E** *Maria cosa ne pensa?*

a Io dico che ha ragione Lucia. Tu _____?

b Io penso che ha ragione Fabio. E Mario _____?

c Noi diciamo che ha ragione Lucia. Voi _____?

d Noi pensiamo che ha ragione Fabio. Loro _____?

e Io penso che ha ragione Fabio. Tu _____?

f Io dico che ha ragione Lucia. E Maria _____?

g Noi pensiamo che ha ragione Fabio. Voi _____?

h Noi diciamo che ha ragione Lucia. Loro _____?

5 When **ne** *of it, of them* is used with a verb in the past, the past participle of the verb agrees in gender and number with the noun to which **ne** refers (as when **lo**, **la**, etc are used: see Chapter 14, exercise 2):

mi ha dato delle paste, but **me ne ha date molte**

Note too that both **gli** *(to) him* and **le** *(to) her* combine with **ne** to form **gliene**. The result is that **gliene** no longer gives any indication of gender (see *Buongiorno Italia!* p 257, para 47):

gli ha dato dell'olio: gliene ha dato un litro
le ha dato dell'olio: gliene ha dato un litro

> Complete the following exchanges according to the two models:
>
> **Ti ha dato delle arance.**
> *Quante me ne ha date?*
>
> **Gli ha dato del Chianti.**
> *Quanto gliene ha dato?*

a Ti ha dato dello zucchero.

_____?

b Le ha dato dell'olio d'oliva.

_____?

c Ci ha dato della grappa.

_____?

d Gli ha dato delle olive.

_____?

e Vi ha dato degli zucchini.

_____?

f Mi ha dato della benzina.

_____?

g Ti ha dato delle noci.

_____?

h Le ha dato dei francobolli.

_____?

6 This exercise is all about **dare**, to give, but we've chosen a rather idiomatic use of the verb. Fill all the blanks with suitable forms of **dare** (see *Buongiorno Italia!* pp 223 and 258; for when to use **tu** and when to use **lei**, see the interviews on pp 218–219).

A chi dai del 'tu' e a chi dai del 'lei'?

Domanda Scusa un istante. Mi puoi dire a chi _____ del 'tu'?

Risposta Io _____ del 'tu' ai parenti, agli amici, ai ragazzi più giovani di me.

A tutti gli altri _____ del 'lei'.

Domanda Grazie! E voialtre, all'insegnante, cosa gli _____, del 'tu' o del 'lei'?

Risposta L'insegnante a noi ci _____ del 'tu', ma noi a lui _____ del 'lei'.

Domanda A scuola, tutti i ragazzi _____ del 'lei' agli insegnanti?

Risposta Certo! Gli studenti _____ sempre del 'lei' agli insegnanti, ai

professori, anche se i professori _____ sempre del 'tu' a loro.

Domanda Grazie! E voialtri, cosa fate? Voi pure _____ del 'lei' agli

insegnanti?

Risposta Noialtri non _____ del 'lei' al nostro professore. Noi gli

_____ del 'tu' e lui ____ del 'tu' a noi. Ma lui ____ del 'tu' a tutti!

Domanda Ah sì? E tu, cosa ne pensi? È corretto _____ del 'tu' a tutti?

Risposta Secondo me è poco corretto. Si ____ del 'tu' ai parenti, agli amici, a una

persona che si conosce molto bene, ai bambini. Agli altri si deve _____

del 'lei'. Così penso io.

7 An oddity of the impersonal **si** construction is that the verb becomes plural if there is a
plural object, so that we have: **ecco come si fa la polenta**, but **ecco come si fanno i ravioli**
(see *Buongiorno Italia!* p 265, para 82). Sentences of this type are generally equivalent in
meaning to passive sentences: **ecco come va fatta la polenta, ecco come vanno fatti i
ravioli.**

Practise the above construction by following the models:

Come *si serve* (servire) il vino bianco?
Il vino bianco *si serve* fresco.

Come *si mangiano* (mangiare) gli spaghetti?
Gli spaghetti *si mangiano* al dente.

a Dove _____ (fare) gli scontrini?

Gli scontrini _____ alla cassa.

b Dove _____ (prendere) il caffè?

Il caffè _____ al bar.

c Quando _____ (mangiare) i gelati?

I gelati _____ d'estate.

d Come _____ (vendere) l'uva?

L'uva _____ al chilo.

e Come _____ (vendere) i meloni?

I meloni _____ al pezzo.

f Quando _____ (prendere) gli amari?

Gli amari _____ dopo i pasti.

g Dove _____ (comprare) il sale?

Il sale _____ nelle tabaccherie*.

h Dove _____ (prenotare) i posti?

I posti _____ (prenotare) all'agenzia.

* See *Buongiorno Italia!* p 34. Nowadays you can buy salt in supermarkets as well.

20 *E per finire . . .*
And to finish . . .

NEW WORDS AND EXPRESSIONS

il contatto *contact*
il dollaro *dollar*
l'esportazione *export*
il franco *franc*
il gusto *taste*
la libreria *bookshop*
l'ora di punta *rush hour*
il paese *country*
la prospettiva *prospect*
la riunione *meeting*
la scoperta *discovery*
il talento *talent*
il tessuto *cloth, material*

convincere *to convince* (pp **convinto**)
diminuire *to diminish*
fare attenzione *to pay attention*
lamentarsi *to complain*
riunirsi *to meet, get together*
specializzarsi *to specialize*
come mai? *how come?*
intenso *intense*
di seconda mano *second hand*
qualsiasi *any*
rapidamente *rapidly, fast*
regolarmente *regularly*
tessile *textile*

---

1 Capisci quello che dico?

A number of **-ire** verbs (eg **capire**) have a present different from that of standard **-ire** verbs like **partire** or **servire**: an **-isc-** is inserted between the root and the ending in four of the six verb forms. For a contrastive table of the forms of **servire** and **capire**, see *Buongiorno Italia!* p 258.

In the following sentences we've used verbs that insert **-isc-** in some of their forms. You complete them as in the models:

L'importanza di Venezia è diminu*ita* con la scoperta dell'America.
Il Sicilia, le rose fior*iscono* a marzo.

a Può parlare un po' meno rapidamente, per favore? Non cap_____ quello che dice.

b I miei due ragazzi sono veramente molto bravi. Pul_____ regolarmente la loro camera da soli.

c Sono rimaste queste poche fragole. Perché non le fin_____ tu?

d Volete prendere un aperitivo o prefer_____ qualcosa di analcolico?

e È proib_____ tenere animali in camera.

f Sono anni che il medico mi proib_____ di prendere più di una tazzina di caffè al giorno.

g Aumentava il prezzo della benzina ma il traffico non diminu_____ .

h La riunione è per le otto. Ci riun_____ sempre alle otto.

2   This time we've mixed **-ire** verbs that take **-isc-** with others that don't.
Surprisingly, it's not very hard to remember which is which. You sort them out.

L'architetto *costruisce* (costruire) case e palazzi.
A che ora *apre* (aprire) il negozio?

a Questa strada è molto lunga; non _____ (finire) mai!

b Quando _____ (ripartire) il pullman per Napoli?

c Scusi, mi sa dire a cosa _____ (servire) quest'oggetto?

d La signora è molto brava; tutti i disegni li _____ (eseguire) lei.

e Il suo inglese sembra buono; parla poco ma _____ (capire) tutto!

f C'è troppo rumore qui! Non si _____ (sentire) niente!

g A Luigi piace poco la montagna; lui _____ (preferire) il mare.

h A me invece piace andare in montagna; ci si _____ (dormire) così bene!

3   Read this piece about a typical Milan family, then answer the questions
that follow.

La famiglia Petrucelli

La famiglia Petrucelli è di Milano. Fino a due anni fa abitava in periferia, in via
Ravenna, ma ora vive in un bell'appartamento in centro, in via Boccaccio. I
Petrucelli hanno anche un piccolo appartamento al mare, vicino a Rimini,
sull'Adriatico, dove vanno d'estate per le vacanze. Hanno due figli: un ragazzo,
Marco, di 18 anni, e una ragazza, Liliana, di 15.

A Franco Petrucelli piace vivere in centro perché può raggiungere l'ufficio a
piedi in dieci minuti. Prima, nelle ore di punta, ci metteva quaranta minuti in
macchina. A sua moglie Gina piace perché anche lei lavora in centro, in una
libreria. Ai figli Marco e Liliana piace un po' meno perché dove abitavano prima
avevano molti amici. Anche la scuola non è più così vicina com'era allora.

Ma non si lamentano . . . troppo! Marco ha già la patente e una macchina che
suo padre gli ha comprato di seconda mano da un collega. Liliana ha una bella
bicicletta nuova che sua madre le ha comprato per il suo compleanno. Però Liliana
la tiene al mare, perché andare in giro per Milano in bicicletta non è proprio cosa
da fare. La signora Gina non ha una macchina propria, ma guida quella di suo
marito, una vecchia Fiat che lei ama molto perché è con questa macchina che ha
imparato a guidare. A suo marito non piace molto guidare, così guida lei quando
vanno al mare.

Franco Petrucelli è direttore dell'ufficio esportazione di una grossa industria
tessile. È un lavoro molto intenso perché è un campo in cui c'è molta concorrenza,
non solo in Europa ma in tutto il mondo. Il problema è sempre quello di offrire al
cliente un buon prodotto al prezzo giusto. E questo vuol dire anche fare
attenzione al cambio internazionale del dollaro, della sterlina e del franco
francese, perché la ditta per il quale Franco lavora esporta i suoi tessuti negli Stati
Uniti, in Gran Bretagna e in Francia. Il lavoro lo ha portato a visitare questi paesi e
conoscerli bene, come conosce bene il francese e l'inglese.

La signora Gina invece ha un lavoro più calmo, che le piace molto. La libreria
nella quale lavora si specializza in libri per i giovani e per studenti. Questo lavoro
la tiene in contatto con le idee e i gusti dei ragazzi, incluso quelli dei suoi. A volte
le sembra di poter addirittura comunicare meglio con i ragazzi che frequentano la
libreria che con i suoi figli!

3a Now answer the following questions in Italian as fully as you can:

  a La famiglia Petrucelli abita vicino a Rimini?
  b Quanto ci mette Franco Petrucelli per raggiungere l'ufficio?
  c Perchè non piace tanto ai giovani Petrucelli vivere in centro?
  d Come mai Marco Petrucelli ha già la macchina?
  e Perché ha tanto lavoro Franco Petrucelli?
  f Che tipo di lavoro fa Gina Petrucelli?

3b Translate the following paragraph into Italian:

Marco has still one year of school to do. Then he wants to study architecture at the university. It's a long and difficult course, and his father is not very convinced about it. Liliana, on the other hand, wants to go on studying languages. She already speaks French and English quite well, like her father, but she also wants to study German and Spanish. She says that with five languages she can find work in any country of the EEC. The girl certainly has a gift for languages, her father is quite certain about this, but he doesn't like the prospect of seeing his daughter live in another country, far from home.

4 Lettura

First read this piece on Venice. You'll find there are a number of new words in it which we haven't listed at the beginning of the chapter, but which are all included in the Vocabulary at the end of this workbook.

Le centodiciotto isole che formano Venezia venivano occupate, così dice la tradizione, nel quinto secolo dopo Cristo, da gente che fuggiva da invasori barbari venuti _____ nord. Presto sorgevano centri di attività, con un proprio governo e un fiorente commercio per le vie del mare. Il primo duca, o doge (la forma veneziana della parola duca), il primo della serie di centoventi dogi veneziani, veniva eletto nel 697. Poco più di un secolo dopo, il governo si stabiliva sull'isola di Rialto, che ha _____ (dare) il nome più antico alla città, 'Civita Rivoalti', chiamata poi Venezia nel tredicesimo secolo.

Diventata una repubblica indipendente intorno al 1000, Venezia ha dominato prima l'Adriatico, poi gran parte del Mediterraneo per quasi otto secoli. Il doge _____ (essere) il capo eletto dello stato, ma il vero potere era _____ mani dei mercanti e dei commercianti ricchi. Le navi della 'Serenissima' – come i veneziani amavano chiamare Venezia – arrivavano in Asia Minore, in Crimea e in Egitto. Con _____ immensi guadagni ottenuti dal commercio con il Medio Oriente, Venezia si è trasformata in una città di _____ (magnifico) palazzi, di negozi, di orefici, di commercianti e di artigiani, di costruttori di navi, e di _____ (artista).

Con l'avvento dell'impero ottomano, la circumnavigazione dell'Africa e la scoperta dell'America, l'importanza della Serenissima diminuiva poco a poco, anche se _____ (rimanere) sempre ricca e rispettata. Dopo sessant'anni di dominazione austriaca dal 1805 al 1865, tutto il territorio veneto si è unita al nuovo regno d'Italia.

Oggi, Venezia è la citta più pittoresca _____ Italia e senza dubbio una delle più _____(interessante). Le isole sono collegate tra di loro da quattrocentocinquanta ponti e da imbarcazioni di ogni genere, dalle barche piccole _____ gondole, dai motoscafi _____ vaporetti. Le strade si chiamano 'calli' o 'callette' e quelle più larghe si chiamano 'vie'. La 'ruga' è una strada fiancheggiata da botteghe e da case. Le piazze più grandi si chiamano 'campi' e quelle piccole 'campielli'. Palazzi e case hanno quasi sempre una 'altana', o balcone, dove le famiglie _____ (riunirsi) con i loro amici a conversare.

Il Palazzo Ducale, o Palazzo dei Dogi, sede dell'antico governo della repubblica, è uno dei più begli esempi di architettura gotica non ecclesiastica e contiene un patrimonio artistico di gran valore, quadri e _____ (affresco) di tutti i più grandi pittori della scuola veneziana. Ma non bisogna fermarsi qui. Tutta Venezia è un patrimonio artistico, da San Marco _____ Chiesa dei Frari*, dall'Accademia _____ Isola di San Giorgio. Per veramente godersi Venezia, bisogna esplorarla e conoscerne ogni veduta, bisogna perdersi nel labirinto di calli, rughe e campielli, sempre a piedi, s'intende, perchè qui le macchine non _____ (esistere).

* Ordine minore dei frati francescani, detti 'frari' *minor order of Franciscan monks, known as 'frari', friars.*

4a   Now fill the gaps with the correct word forms.

4b   Answer the following questions in Italian:

a   Quante sono le isole sulle quali è stata costruita Venezia?
b   In quale secolo si è stabilito a Rialto il governo veneziano?
c   Chi godeva del vero potere a Venezia?
d   Fin dove arrivavano le navi della Serenissima?
e   Come è diventata ricca Venezia?
f   Qual è il miglior modo di esplorare Venezia?

Un piccolo test

This achievement test has been specially designed to show you just how much Italian you've learnt. If you've done all the exercises, you should score well!

Score (one point per correct answer)
from 0 to 10: not very good; from 10 to 20: good;
from 20 on: very good; maximum score: 33

1 Scusi, signore, | il / l' / un | Teatro Olimpico è lontano da qui?

2 Scusi, c'è | una / un' / un | bar qui vicino?

3 Maria ama molto | suo / la sua / il suo | canarino.

4 | Lui, / Lei, / Loro | Paolo, non ne vuole sapere niente.

5 Vorrei un po' d'olio d'oliva. | Mi ci / Me ne / Ce ne | può dare un litro?

6 Le piace andare al mare? Quando posso, io ci | ando / vado / vedo | ogni anno.

7 Dove | avete / venite / siete | andati a mangiare ieri sera?

8 È entrato mentre | mangio. / mangiavo. / ho mangiato.

9 Ha delle valige | da / di / a | prendere?

10 Mi dispiace, ma queste scarpe non | mi piace / mi piacciono / le piace | molto.

11 Parte | ai / alle / agli | due, il pullman per Desenzano?

12 Tutte queste riviste sono | interessante. / interessanti. / interessanto.

13 Si lava | le / sue / le sue | mani ogni dieci minuti!

14 Mi dispiace, ma la torre da qui | non posso la vedere. / la non posso vedere. / non la posso vedere.

15 Carla | torna / torne / torni | al bar e | prenda / prende / prendi | un altro caffè.

16 Gli spaghetti | vanno serviti / vanno servito / vanni serviti | al dente.

17 Ieri mattina mi | ho alzato / sono alzato / alzo | molto tardi.

18 L'anno scorso, per le vacanze, sono andato | a / alla / in | Germania.

19 È il negozio più vecchio | della / nella / che la | città.

20 Vuole | dei / degli / i | zucchini | all' / dell' / l' | olio?

21 I suoi | amichi / amici / amico | sono molto | simpatico. / simpatichi. / simpatici.

22 Per | io, / mi, / me, | una bistecca ai ferri.

23 | Te l' / Ti l' / Lo ti | ho detto mille volte: non mi piace!

24 Tu ci capisci qualcosa? Io non ci ho | capisciuto / caputo / capito | niente!

25 I biglietti li ho | presi / pressi / prenduti | stamattina all'agenzia.

26 Sai chi | ero / era / erano | quel signore col cappello?

27 | Ho / Ne ho / Non ho | mangiato niente da stamattina.

28 Scusi, ma | quegli / quei / quelli | signori non sono inglesi.

29 Scusi, | voi / tu / lei | come si chiama?

30 Quando | li ho visti / li ho visto / gli ho visti | erano molto allegri!

Chiave esercizi
Key to the exercises

Chapter 1

1 *a* un *b* una *c* una *d* una *e* una *f* un *g* un *h* un

2 *a* Un una *b* Un Un una *c* Un una una Un Un *d* Un una *e* un un *f* Un una una *g* un un una Una Una

3 *a* farmacia *b* tè *c* pasta *d* bicchiere *e* guida *f* bar *g* spremuta *h* caffè

4 un amaro un aperitivo un albergo un ufficio postale un'acqua minerale un'agenzia di viaggio un'aranciata un'Azienda di Turismo

5 una statua una bottiglia un'oliva una tavola un formaggio un pomodoro una fragola un treno un esempio uno scontrino un'entrata un ulivo

6 *a* -a -o una *b* -o -a uno *c* -o -o uno *d* -e -o uno *e* -a -e una *f* -è -a uno *g* -o -è uno *h* -a una

Chapter 2

1 il telefono   il mercato   il bar   il cognome il nome   l'albergo   l'autobus l'imbarcadero   l'ufficio postale   l'amaro

2 *a* -e il -e *b* -o l'-o *c* -a la -a *d* il *e* -a la -a *f* -a l' -a *g* -a l' -a *h* -a la -a

3 *a* sono lei è di *b* Lei sono Sono Di *c* Sono/Mi chiamo è sono di *d* è Sono lei è è si Mi -o *e* lei è non Sono lei *f* chiamo è sono *g* Lei è No sono Sono Sono di si Mi -o *h* Mi chiamo È No sono Di è Sono

4 sei Sono sei di sei (Io) sono Sono sei -o non sono -o di -o tu -i -o sei Sono di Sono -a

5 *a* Buongiorno! un lo un lo *b* il da Grazie! *c* la lontano/a Grazie! *d* l' lontano un/l'

6 *a* si chiamo lei -a *b* è -e non sono -e Sono -e *c* Mi tu -i mi chiamo *d* lei Sì sono *e* Mi sono lei è *f* è non sono *g* sei chiami chiamo sono *h* ti chiamo dove Sono è è È da

Chapter 3

1 *a* Questi cestini -o *b* Queste bottiglie -a *c* Queste fotografie -a *d* Questi pompelmi *e* Queste cartoline -a *f* Questi vasi *g* Queste borse *h* Questi panini -o

2 *a* piccolo *b* inglese *c* grande *d* francese *e* piccola *f* toscano *g* grande *h* rossa *i* italiana *l* grande

3 *a* Francia *b* cognome *c* vacanze *d* guida *e* supermercato *f* banane *g* cestini *h* biglietti

4 Le agenzie di viaggio inglesi Le aziende di turismo inglesi Le aranciate italiane Le arance italiane Gli autobus italiani Gli alberghi inglesi Gli amari italiani Gli uffici postali italiani.

5 *a* bar *b* tè freddi *c* caffè doppi *d* bitter analcolici *e* vermut bianchi

6 *a* I biglietti *b* Le bottiglie *c* Le cartoline *d* I francobolli *e* Gli ombrelli *f* I cestini *g* I limoni *h* Le arance

7 *a* fotografie le -e *b* gladioli i -hi *c* cartoline le -he *d* sigarette le -i *e* rose le -e *f* birre le -he

Chapter 4

1 *a* Quella cravatta lì? Sì, moltissimo *b* Quelle scarpe lì? Sì, moltissimo *c* Quel fazzoletto lì? Sì, moltissimo *d* Quella borsa lì? Sì, moltissimo *e* Quei sandali lì? Sì, moltissimo *f* Quelle calze lì? Sì, moltissimo *g* Quell'ombrello lì? Sì, moltissimo *h* Quella cintura lì? Sì, moltissimo

2 *a* Queste piacciono *b* Questo piace *c* Questa piace *d* Questi piacciono *e* Questi piacciono *f* Questo piace *g* Queste piacciono *h* Questa piace

3 *a* mi piace. È bellissimo. Lo prendo *b* non mi piace. Non la prendo. Mi dispiace *c* mi piacciono. Sono bellissimi. Li prendo *d* non mi piacciono. Non le prendo. Mi dispiace *e* non mi piacciono. Non li prendo. Mi dispiace *f* mi piacciono. Sono bellissime. Le prendo *g* non mi piace. Non lo prendo. Mi dispiace *h* mi piace. È bellissima. La prendo

4 *a* Ah, ti piace *b* Come, non ti piacciono
c Come, non le piace *d* Ah, ti piace
e Ah, le piacciono *f* Come, non ti piace
g Ah, le piace *h* Come, non ti piace

5 *a* -o *b* -o *c* -o -o *d* -o -o *e* -o -o
f -o *g* -accio *h* sono

6 *a* No, guardi, ce ne sono altri due qua
b No, guardi, ce ne sono altre due qua
c No, guardi, ce n'è un altro qua *d* No,
guardi, ce n'è un'altra qua *e* No, guardi,
ce ne sono altri due qua *f* No, guardi, ce
n'è un altro qua *g* No, guardi, ce n'è
un'altra qua *h* No, guardi, ce ne sono altre
due qua

7 *a* nere nera *b* marrone marrone
c verde verde *d* blu blu *e* grigio grigi
f gialla giallo *g* bianco bianchi
h azzurra azzurri

8 *a* Lazio Lazio *b* Lombardia Lombardia
c Piemonte Piemonte *d* Liguria Liguria
e Toscana Toscana *f* Campania
Campania *g* Veneto Veneto *h* Umbria
Umbria *i* Emilia Romagna Emilia
Romagna *j* Marche Marche

Chapter 5

1 *a* albergo *b* farmacia *c* ristorante
d banca *e* bar *f* toilette *g* caffè
h agenzia di viaggio

2 *a* da *b* in *c* a *d* per *e* in *f* di *g* da
h di di

3 *a* Sì, questi vini sono tutti molto buoni
b Sì, questi negozi sono tutti molto cari
c Sì, queste fotografie sono tutte molto
belle *d* Sì, queste riviste sono tutte molto
interessanti *e* Sì, queste birre sono tutte
molto buone *f* Sì, queste borse sono tutte
molto care *g* Sì, questi ombrelli sono tutti
molto belli *h* Sì, questi giornali sono tutti
molto interessanti

4 Come Quanti cosa Quale cosa
quanti dove

5 chiami sei abiti Studi parli
studi fai piace

6 *a* il È sempre carissimo *b* la È sempre
carissima *c* i Sono sempre carissimi
d le Sono sempre carissime *e* il È sempre
interessantissimo *f* l' È sempre
interessantissima *g* i Sono sempre
interessantissimi *h* le Sono sempre
interessantissime *i* l' È sempre
difficilissimo *j* la È sempre difficilissima
k gli Sono sempre difficilissimi *l* le Sono
sempre difficilissime

7 è una con c'è di
c'è I sono il c'è con e i c'è
ci sono una di è gli è in
C'è C'è come come C'è C'è di in
di c'è di di gli c'è

8 *a* Mi dà due francobolli da 500 lire, per
favore?
Vorrei una bottiglia di vino rosso.
Mi dà 200 grammi/2 etti di prosciutto,
100 grammi/un etto di burro e sei panini,
per favore?
Vorrei vedere quella borsa in vetrina, per
favore, quella/la rossa.
Quanto costa questo?
Di dov'è/Di dove sei?
È/Sei qui per lavoro o è/sei in vacanza?
Le/Ti piace il suo/tuo lavoro?
b Scusi, quanto costano quei fazzoletti in
vetrina?
Quelli/I piccoli costano quarantamila lire,
quelli/i grandi cinquantacinque mila.
Sono cari!
No, non sono cari . . . sono di seta pura e
sono molto belli/sono bellissimi! Non le
piacciono?
Mi piacciono molto/moltissimo, ma . . .
Li vuole vedere?
No, grazie.
c Qual è il suo lavoro/la sua professione?
Sono direttore di banca/Sono un direttore
di banca/Sono il direttore di una banca.
Dove?
A Londra.
(Lei) è di Londra?
No, sono di Exeter.
Exeter è lontana da Londra?
Abbastanza. (Sono) circa duecento miglia,
(che) sono circa trecento chilometri.
E dove abita a Londra?
Abito a circa dieci miglia dal centro
(della città).

Chapter 6

1 *a* alle due/quattordici alle tre e
quarantacinque/tre quarti/quattro meno
un quarto/quindici e quarantacinque
Alla
b all'una/alle tredici
alle due e mezza/trenta/quattordici e
trenta All'
c alle tre/quindici e venti
alle quattro/sedici e cinquanta/cinque
meno dieci al

2 *a* parte Alle arriva Alle un/il Prima c'è
dà *b* ora per A A Alle costa ritorno
posto Mi *c* che prossimo all' arriva Alle
un/il biglietto andata e ritorno posto posto
mi dà e ritorno *d* A che ora parte
prossimo Alle e A che ora arriva Alle e
Quanto costa un/il Andata e ritorno posto

3 *a* parte *b* paga *c* prende *d* arriva *e* compra *f* apre *g* telefona *h* mangia

4 *a* prendere *b* cominciare *c* aprire *d* imparare *e* leggere *f* mangiare *g* chiudere *h* partire

5 *a* Comincio (a lavorare) alle otto
Lavoro fino alle sei
Arrivo   alle sei e quarantacinque/tre quarti/sette meno un quarto
b Apro (il negozio) alle nove
Chiudo alle dodici e trenta/mezza/mezzogiorno e mezzo
apro alle tre
chiudo alle otto
chiudo alle sei
c Arrivo alle otto
Parto alle sette e un quarto/quindici
Lascio (l'ufficio) alle sei
Torno (a casa) alle sei e quarantacinque/tre quarti/sette meno un quarto

6 *a* No, vado a provarlo io *b* No, vado a cambiarlo io *c* No, vado a prenderlo io *d* No, vado a aprirla io *e* No, vado a scriverla io *f* No, vado a prepararlo io *g* No, vado a chiuderla io *h* No, vado a comprarla io

7 prende Parte arriva entra prendere visita visita sono chiude visita torna compra leggere prende

Chapter 7

1 *a* della *b* del del *c* degli *d* dello *e* dell' *f* del della *g* dell' *h* delle

2 *a* Eccola. Ho anche quella delle *b* Eccolo. Ho anche quello di *c* Eccola. Ho anche quella della *d* Eccolo. Ho anche quello dei *e* Eccolo. Ho anche quello *f* Eccolo. Ho anche quello dell' *g* Eccolo. Ho anche quello dell' *h* Eccolo. Ho anche quello di

3 *a* Qual è la piazza più bella di Firenze *b* Quali sono le chiese più belle di Roma *c* Quali sono le città più importanti della provincia *d* Qual è l'oggetto più prezioso del museo *e* Quali sono i giardini più interessanti della regione *f* Qual è lo scultore più famoso d'Italia *g* Qual è l'industria più importante della zona *h* Quali sono i quartieri più interessanti della città

4 *a* -ere alla *b* -are al *c* -are a *d* -are in *e* -are questa *f* -ere in *g* -ere dal *h* -are per

5 *a* Mi dispiace, ma nel palazzo non ci sono banche *b* Mi dispiace, ma nella rivista non ci sono fotografie *c* Mi dispiace, ma nella borsa non ci sono chiavi *d* Mi dispiace, ma nell'albergo non c'è/ci sono garage *e* Mi dispiace, ma nel sacchetto non ci sono arance *f* Mi dispiace, ma nella vetrina non ci sono ombrelli *g* Mi dispiace, ma nel pacchetto non ci sono brioche *h* Mi dispiace, ma nella piazza non ci sono negozi

6 *a* Per andare a Firenze, che treno devo prendere *b* Per fare il biglietto, dove devo andare *c* Per arrivare al duomo, che strada devo fare *d* Per telefonare a Londra, che numero devo fare *e* Per andare alla stazione, che autobus devo prendere *f* Per avere un'/l'informazione, dove devo andare *g* Per tornare all'albergo, che via devo prendere *h* Per imparare la lingua, che libro devo studiare

7 devo partire Deve partire Devo prendere Deve prendere Devo viaggiare Deve viaggiare devo cambiare Deve cambiare devo andare Deve andare devo parlare deve parlare devo fare Deve mangiare deve leggere deve tornare

Chapter 8

1 *a* Sì. Posso telefonare *b* Sì. Posso pagare *c* Sì. Posso farlo *d* Sì. Posso mangiarlo *e* Sì. Posso prenotarli *f* Sì. Posso prenderlo *g* Sì. Posso lasciarla *h* Sì. Posso cambiarla

2 *a* Sì, l'ho qui con me *b* Sì, li abbiamo qui con noi *c* Sì, l'abbiamo qui con noi *d* Sì, li ho qui con me *e* Sì, le abbiamo qui con noi *f* Sì, l'ho qui con me *g* Sì, l'abbiamo qui con noi *h* Sì, le ho qui con me

3 *a* Il lavoro lo comincio *b* Il tè lo prendo *c* Il conto lo pago *d* A casa telefono *e* Il biglietto lo faccio *f* Il francese lo parlo *g* Le vacanze le prendo *h* L'albergo lo trovo

4 *a* Posso Posso di Che/Quale di *b* Posso ho Ha Certo Posso da Da è *c* Posso un per Certo Posso qui scriverlo *d* Posso Cosa/Che cosa Posso al/con altro

5 *a* È in macchina nella *b* È in centro nel *c* È in camera nella *d* È in garage nel *e* È in piazza nella *f* Sono in ufficio nell' *g* È in vetrina nella *h* Sono in cabina nella

6 *a* Avete una camera libera, per favore *b* Avete una camera singola con bagno o doccia, per favore *c* Avete una camera doppia a due letti con doccia, per favore *d* Avete una camera tranquilla, silenziosa, al terzo piano, per favore *e* Qual è il prezzo della camera *f* È compresa la prima colazione *g* Dove posso lasciare la macchina, per favore *h* Posso telefonare a Edimburgo da qui, per favore

7 *a* Dove la prende la colazione, Giorgio
b Quando le comincia le vacanze, Luigi
c Come lo trova l'albergo, Susanna
d Come lo prende il tè, Marisa
e Dove le fa le vacanze ogni anno, Piero
f Quando li va a prendere i biglietti, Carlo
g Come lo vuole il caffè, Maddalena
h Dove la studia la matematica, Mimmo

Chapter 9

1 *a* Benissimo! Vuole dei ravioli
b Benissimo! Vuole dei fagiolini
c Benissimo! Vuole delle tagliatelle
d Benissimo! Vuole degli spaghetti
e Benissimo! Vuole delle *f* Benissimo!
Vuole degli spinaci *g* Benissimo! Vuole
delle lasagne *h* Benissimo! Vuole delle
melanzane

2 *a* Sì, grazie. C'è del vino *b* Sì, grazie. C'è
dell'acqua *c* Sì, grazie. C'è della zuppa
d Sì, grazie. C'è della carne *e* Sì, grazie.
C'è dell'insalata *f* Sì, grazie. C'è dell'olio
dell' *g* Sì, grazie. C'è della frutta

3 *a* Buono! È un buon amaro *b* Buona! È
una buona spremuta *c* Buono! È un buono
zabaglione *d* Buono! È un buon caffè
e Buona! È una buona porchetta *f* Buona!
È una buona mozzarella *g* Buono! È un
buon/buono yogurt *h* Buono! È un buon
prosciutto

4 *a* L'altra è lì Ah, bene. Allora sono qui tutte
e due *b* L'altro è lì Ah, bene. Allora sono
qui tutti e quattro *c* L'altra è lì Ah, bene.
Allora sono qui tutte e cinque *d* L'altra è lì
Ah, bene. Allora sono qui tutte e sette
e L'altra è lì Ah, bene. Allora sono qui tutte
e sei *f* L'altro è lì Ah, bene. Allora sono
qui tutti e quattro *g* L'altro è lì Ah, bene.
Allora sono qui tutti e due *h* L'altra è lì
Ah, bene. Allora sono qui tutte e tre

5 *a* Mi *b* Ci *c* Ci *d* Mi *e* Ci *f* Mi
g Mi *h* Ci

6 *a* Sì, è una bella piscina *b* Sì, è un
bell'albergo *c* Sì, sono delle belle rose
d Sì, è un bello specchio *e* Sì, è un bel
giardino *f* Sì, è una bella insalata *g* Sì,
sono dei begli ombrelli *h* Sì, sono delle
belle automobili *i* Sì, sono dei bei sandali
j Sì, sono dei begli spinaci

7 *a* C'è del vino bianco *b* C'è il giornale di
oggi *c* C'è il giro del lago *d* Ci sono
queste due valige *e* Ci sono quadri e
sculture *f* C'è la lezione di oggi *g* C'è il
conto dell'albergo *h* C'è una bistecca alla
griglia

8 *a* Per me, degli Come, non ci sono
spaghetti alle vongole oggi *b* Per me,
delle Come, non ci sono lasagne al forno
oggi *c* Per me, del Come, non c'è risotto
oggi *d* Per me, dei Come, non ci sono
funghi trifolati oggi *e* Per me, del Come,
non c'è minestrone oggi *f* Per me, delle
Come, non ci sono tagliatelle oggi *g* Per
me, del Come, non c'è prosciutto e melone
oggi *h* Per me, dei Come, non ci sono
cannelloni (al forno) oggi

Chapter 10

1 *a* li cambiate voi *b* la provate voi
c l'assaggiate voi *d* li prenotate voi
e lo pagate voi *f* lo terminate voi
g lo comprate voi *h* le portate voi

2 *a* le mettete *b* li aprite *c* lo prendete
d le scrivete *e* la finite *f* la chiudete
g le leggete *h* la sentite

3 dà di di per del del dà di dell' dell'
dell' una di Del Della Dei Degli del del
delle delle dei dei una

4 *a* È il vino più secco che conosco *b* È la
strada più stretta che conosco *c* È il bar più
simpatico che conosco *d* È l'escursione
più interessante che conosco *e* È la chiesa
meno bella che conosco *f* È la persona
meno simpatica che conosco *g* È l'albergo
più caro che conosco *h* È il libro meno
interessante che conosco

5 *a* le portate *b* lo prendete *c* li leggete
d li visitate *e* l'aprite *f* lo prendete
g le scrivete *h* la guardate

6a del a per
Il il la La il
Gli della
per la il il i i i i per con la la i l' il il
il il la per
la gli gli in la
a per

6b *a* (Per andare al sud) prendiamo
l'Autostrada del Sole, la A1. *b* (Orvieto) è
situata (in alto,) su di un gran masso di tufo.
c (La città) è famosa per il duomo, per i
suoi palazzi medievali e rinascimentali, per
i suoi artigiani e per il suo vino. *d* (La
gente della campagna circostante) si occupa
di agricoltura e della produzione del vino.
e Ogni domenica vengono turisti italiani e
stranieri (a visitare la città). *f* (La grande
festa che c'è ogni giugno) si chiama la festa
del Corpus Domini.

6c *a* Orvieto è una bella/bellissima antica città italiana non molto lontana da Roma. *b* In Italia, la città è famosa per almeno quattro cose: il duomo, il classico vino bianco della regione, la buona cucina e il lavoro degli artigiani orvietani. *c* La città è famosa anche per il grande Corteo Storico della festa del Corpus Domini, quando gli uomini di Orvieto vestono ricchi costumi medievali per la processione.

Chapter 11

1 *a* chiediamo al barman *b* ordiniamo da bere *c* apriamo la finestra *d* finiamo di studiare il menù *e* proviamo la zuppa di pesce *f* prendiamo la specialità della casa *g* paghiamo il conto *h* telefoniamo a Luigi.

2 *a* mangiano *b* pagano *c* telefonano *d* arrivano *e* comprano *f* abitano *g* viaggiano *h* tornano

3 -ono -ono -ano -ono -ano -ano -ano -ono -ano

4 *a* un gattino *b* un maialino *c* un salamino *d* una patatina *e* una stradina *f* un trenino *g* un cestino *h* un pacchettino

5 **Primi piatti:** all' alla al all' al al
Secondi piatti: alla ai al alla alla
Contorni: al all' al all' alla
Dessert: alla al

6 *a* nove *b* dieci *c* ventuno *d* ottantuno *e* seicento *f* seimila *g* mille e cinquanta *h* settemila duecento

7 *a* nelle *b* dell' *c* dall' *d* Nell' *e* all' *f* dalle *g* delle *h* alle

Chapter 12

1 *a* Vuole provarla Posso? È molto bella *b* vuole guardarla Posso? Sembra molto interessante *c* Vuole assaggiarlo Posso? Mmm, è molto buono *d* Vuole comprarla Posso? È veramente simpatica *e* vuole leggerlo Posso? Sembra interessante *f* Vuole prenderla Posso? È un po' piccola

2 *a* Mi porta il conto, per favore *b* Mi fa uno sconto, per favore *c* Mi dà un/il giornale, per favore *d* Mi presta un/l'ombrello, per favore *e* Mi controlla l'olio, per favore *f* Mi cambia venti sterline, per favore *g* Mi telefona questa sera alle sei, per favore *h* Mi manda il pacchetto in/all'albergo, per favore

3 *a* Me lo può portare subito *b* Me la può controllare subito *c* Me lo può prestare subito *d* Me le può cambiare subito *e* Me lo può dare subito *f* Me la può fare subito *g* Me lo può cercare subito *h* Me le può mandare subito

4 *a* Mi può fare uno sconto Le possiamo fare uno sconto *b* Mi può prestare un/l'ombrello Le possiamo prestare un/l'ombrello *c* Mi può lavare la macchina Le possiamo lavare la macchina *d* Mi può fare la camera Le possiamo fare la camera *e* Mi può servire la colazione Le possiamo servire la colazione *f* Mi può cambiare questo travellers' cheque Le possiamo cambiare il/questo travellers' cheque *g* Mi può consigliare un buon vino Le possiamo consigliare il vino *h* Mi può mandare i gladioli in/all'albergo Le possiamo mandare i gladioli in/all'albergo

5 *a* Mi può fare uno sconto Glielo posso fare *b* Mi può prestare un/l'ombrello Glielo posso prestare *c* Mi può lavare la macchina Gliela posso lavare *d* Mi può fare la camera Gliela posso fare *e* Mi può servire la colazione Gliela posso servire *f* Mi può cambiare questo travellers' cheque Glielo posso cambiare *g* Mi può mostrare quella maglia rosa Gliela posso mostrare *h* Mi può mandare i gladioli in/all'albergo Glieli posso mandare (in/all'albergo)

6 *a* Ci *b* Ce *c* Ce *d* Ci *e* ci *f* ce *g* Ci *h* Ce

7 *a* Vuole un vaso più piccolo *b* Vuole una zuccheriera più grande *c* Vuole un colore più chiaro *d* Vuole un marrone più scuro *e* Vuole una cintura più corta *f* Vuole una sciarpa più lunga *g* Vuole un esempio più facile *h* Vuole un esercizio più difficile

Chapter 13

1 *a* È il film più bello dell'anno *b* È il palazzo più vecchio della città *c* È il piatto più buono/migliore del ristorante *d* È il negozio più caro di Roma *e* È la camera più grande dell'albergo *f* È l'industria più importante della regione *g* È l'oggetto più interessante del museo *h* È il cameriere più simpatico del ristorante

2 *a* vado Viene vado *b* andiamo Venite andiamo *c* vanno va *d* vado Vieni vado vengo *e* va Andate andiamo *f* vado vieni andare viene *g* andiamo vado vieni

3 *a* I posti sono prenotati dal direttore
b La colazione è preparata da Luisa *c* Le
signorine sono accompagnate da Gino
d Il conto è pagato da Luigi *e* La macchina
è sorvegliata dal custode *f* Il giardino è
curato dai giardinieri *g* I biglietti sono
controllati dalla bigliettaia *h* Il museo è
visitato dai turisti

4 *a* servita mangiata *b* passate mescolate
servite *c* preparata lasciata
d imbottigliato venduto *e* serviti
f consigliato consigliati *g* apprezzati
h circondata controllata

5 *a* Andiamo in montagna tutti gli anni
b Vorrei visitare tutte le chiese della città
c Studio l'italiano tutte le domeniche
d Ha una guida di tutti i musei della
provincia *e* Scriviamo a casa tutti i mesi
f Vuole fotografare tutte le piazze di Roma
g Mangiamo fuori tutti i sabati *h* Ecco
l'elenco di tutti i monumenti della città

6 *a* Ce li può *b* Me lo può *c* Me la può
d Ce lo può *e* Me le può *f* Ce la può
g Ce la può *h* Me li può

7 *a* Qual è la città (italiana) che le piace di
più *b* Quali sono le montagne che le
piacciono di più *c* Qual è la stagione che
le piace di più *d* Quali sono i fiori che le
piacciono di più *e* Qual è lo sport che le
piace di più *f* Qual è il (secondo) piatto
che le piace di più *g* Quali sono gli
antipasti che le piacciono di più *h* Quali
sono le verdure che le piacciono di più

Chapter 14

1 *a* Ho comprato *b* Ho lasciato *c* Ho
visto *d* Ho preparato *e* Gli ho mandato
f Le ho regalato *g* Le ho detto *h* Gli ho
scritto

2 *a* No, ancora non l'ha fatta *b* No, ancora
non l'ha preparata *c* No, ancora non l'ha
preso *d* No, ancora non li ha lavati *e* No,
ancora non l'ha pagato *f* No, ancora non
le ha scritte *g* No, ancora non li ha
comprati *h* No, ancora non le ha imbucate

3 è andata è venuta è passata è rimasta
è piaciuta è arrivata sono venuti sono
ripartiti sono stati è venuto È tornata

4 *a* (la signora Corti) è già partita *b* ho già
ordinato *c* sono tornato *d* (La signorina
Longhi) è arrivata domenica *e* Ho finito
f Ho già mangiato *g* (Il signor Magri) è
salito *h* ha già telefonato

5 *a* Abbiamo comprato quello per Anna e
quello per Pamela Quello ancora non
l'abbiamo comprato *b* Abbiamo cambiato i
travellers' cheques Quelle ancora non le
abbiamo cambiate *c* Abbiamo ordinato il
primo e il secondo Quello ancora non
l'abbiamo ordinato *d* Abbiamo imparato
tutta la lezione Quelli ancora non li
abbiamo fatti

6 *a* Andiamo a Venezia per una settimana e
in Umbria per un'altra *b* Siamo andati in
Germania per dieci giorni e a Parigi per altri
cinque *c* Vogliamo andare a Nuova York
per due settimane e in California per altre
due *d* Andiamo a Roma per una settimana
e in Sicilia per altre due *e* Siamo andati in
Portogallo per due settimane e a Madrid per
un'altra *f* Vogliamo andare a Città del
Messico per due settimane e in Florida per
altre due *g* Andiamo a Napoli per cinque
giorni e in Sardegna per una settimana
h Siamo andati in Austria per due
settimane e a Monaco di Baviera per tre
giorni

7 Cosa ha/avete fatto oggi? Cosa abbiamo
fatto oggi? Allora, questa mattina/stamattina
Brenda e io siamo uscite a/per guardare/
vedere i negozi del centro (della città). Io
ho comprato una borsa nuova, che mi piace
molto. Brenda, invece, ha cercato un paio di
scarpe per andare con il vestito nuovo che
ha comprato due giorni fa, ma non le ha
trovate.

Dopo siamo entrate/andate in un
ristorante vicino all'albergo e lì abbiamo
preso/mangiato una buona zuppa/minestra
di fagioli e, per secondo, due/delle buone
bistecche con delle patatine fritte e
un'insalata mista. Dopo un po' di frutta e un
buon caffè, siamo tornate in/all'albergo per
riposare un po' e leggere un po' d'italiano
nelle riviste che abbiamo comprato questa
mattina/stamattina.

Una buona giornata di lavoro!

Chapter 15

1 *a* Dante. L'ha scritta Dante *b* Il Bernini.
L'ha costruita il Bernini *c* Leonardo. L'ha
dipinta Leonardo *d* Michelangelo. L'ha
dipinta Michelangelo *e* Il Palladio. L'ha
disegnato il Palladio *f* Piero della
Francesca. L'ha dipinta Piero della
Francesca *g* Raffaello. L'ha dipinta
Raffaello *h* Il Boccaccio. L'ha scritto il
Boccaccio.

2 *a* Perché non ti alzi *b* Perché non ti
lavi *c* Perché non ti vesti *d* Perché non
ti cambi *e* Perché non ti servi *f* Perché
non ti prepari *g* Perché non ti siedi
h Perché non ti corichi

3 *a* Qual è la guida più interessante che avete *b* Qual è lo scultore più famoso che conoscete *c* Qual è l'escursione più artistica che avete *d* Qual è la borsa più grande che avete *e* Qual è l'albergo più caro che conoscete *f* Qual è la persona più importante che conoscete *g* Qual è il libro più facile che avete *h* Qual è il bar più simpatico che conoscete

4 *a* Ci vengo *b* ci possiamo andare *c* ci abito *d* Ci torno *e* ci veniamo a prendere *f* Ci dobbiamo andare *g* Ci andiamo a mangiare *h* ci metto

5 *a* fare fare facciamo *b* hai fatto Ho fatto Faccio *c* fa Fa fanno *d* fate facciamo facciamo *e* fate Abbiamo fatto fa fare

6 *a* lo so *b* La conosco *c* li conosco *d* lo so *d* conoscerla *f* lo so *g* saperlo *h* Conosco

7 *a* Questi servizi sono pratici, simpatici e anche abbastanza artistici *b* Quei palazzi sono gotici ma le facciate non sono gotiche *c* Queste trattorie sono molto tipiche della regione *d* I figli di Cesare sono dei buoni meccanici *e* Quei palazzi lì non sono gotici! Sono barocchi *f* Quelle amiche di Fabio sono poco simpatiche *g* Questi piatti sono molto tipici della regione *h* I giochi meccanici mi piacciono poco

Chapter 16

1 *a* l'hai visto *b* hai speso *c* le hai scritte *d* l'hai preso *e* hai letto *f* l'hai detto *g* l'hai messa *h* l'hai chiesta

2 *a* abbiamo passato siamo andati abbiamo fatto siamo tornati abbiamo preparato sono venuti abbiamo preparato Abbiamo fatto Abbiamo cotto abbiamo servito Abbiamo mangiato abbiamo bevuto abbiamo preso abbiamo chiacchierato sono tornati siamo andati ha lavati abbiamo lavati ho lavati ha asciugati ha messi abbiamo fatto abbiamo fatto Abbiamo dormito abbiamo mangiato abbiamo guardato

3 *a* non l'ho mai studiato *b* Non ho parlato con nessuno *c* Non (ci) ho comprato niente *d* Non l'ho prestato a nessuno *e* Non l'ho mai assaggiato *f* non (ci) ho mai provato *g* Non ho mangiato niente *h* Non ho bevuto niente

4 mi sono svegliato mi sono alzato Mi sono lavato mi sono vestito ho preparato preparo prepara preparo lava prepara lavo facciamo ci siamo sposati discutiamo siamo

abbiamo avuto riposarci ci siamo fermati siamo andati ci siamo divertiti ci siamo stancati

5 *a* Me lo può glielo mando *b* Ce lo può glielo/ve lo incarto *c* Me li può glieli cambio *d* Ce li può glieli/ve li metto *e* Ce le può gliela/ve le porto *f* Me la può gliela controllo *g* ce la può gliela/ve la mostro *h* Me la può gliela apro

6a è legata sono si trovano sono (stati) costruiti vengono vanno è diventato sono è chiamato ospita è conosciuta dicono è sepolta

6b *a* Vicenza è legata principalmente al nome di Andrea Palladio. *b* Il Teatro Olimpico è uno dei più bei teatri del Rinascimento. *c* Lord Burlington ha portato lo stile palladiano in Inghilterra nel 1719. *d* Verona è situata sul fiume Adige, non lontano dal Lago di Garda. *e* All'Arena di Verona ogni anno danno una stagione di opera. *f* Verona è ben conosciuta dagli inglesi per due opere di Shakespeare, 'Giulietta e Romeo' e 'Due gentiluomini di Verona', e per tre vini, il Soave, il Valpolicella e il Bardolino.

6c *a* La piazza più famosa di Vicenza è la Piazza dei Signori. È una delle piazze più belle che ho visto. *b* Anche a Verona c'è una piazza famosa. È la Piazza delle Erbe, che occupa il sito dell'antico foro romano. Tra gli altri resti romani di Verona, c'è quello che rimane dell'antico teatro (del teatro antico) e c'è anche la conosciutissima Arena. *c* Ieri sono andata in escursione a Verona e ho visto la tomba di Giulietta nel chiostro di una delle chiese del posto. Ci siamo fermati anche davanti alla casa di Giulietta e ho visto il famoso balcone. Mi sono sentita molto emozionata; è stato uno dei momenti più romantici che ho passato.

Chapter 17

1 *a* E il mio, dov'è *b* E i miei, quali sono *c* E la mia, qual è *d* E le mie, dove sono *e* E i miei, dove sono *f* E la mia, qual è *g* E le mie, dove sono *h* E il mio, qual è

2 *a* la mia La mia mia mio mia Mio la sua Sua *b* mia i miei nostra nel nostro mia *c* la nostra i miei nella mia/loro nella loro/mia la mia i miei i suoi i nostri Ai miei ai suoi

3 *a* mi *b* ti *c* Si *d* ci *e* si *f* si *g* Si *h* vi

4 *a* No. Me lo devo ancora comprare *b* No. Ce la dobbiamo ancora fare *c* No. Me la devo ancora comprare *d* No. Ce lo dobbiamo ancora fare *e* No. Me la devo ancora comprare *f* No. Ce la dobbiamo ancora fare *g* No. Me lo devo ancora comprare *h* No. Ce la dobbiamo ancora fare

5 *a* Non vuole vivere/abitare con la famiglia *b* Mi può prestare la penna, per favore *c* Vuole venire con la madre *d* Dove ho messo gli occhiali da sole *e* Quando volete prendere le vacanze *f* Non vogliono venire senza la moglie (see *Buongiorno Italia!* p 266 para 84) *g* Non voglio lasciare il passaporto in camera *h* Perchè non vuoi fare il biglietto alla stazione

6 *a* ne *b* ne *c* Ne *d* Ne *e* Ne *f* Ne tredici *g* Ne undici *h* Ne dodici

7 *a* sue *b* le sue *c* suo *d* suoi *e* suo *f* i suoi *g* Sua *h* sua

Chapter 18

1 *a* Lo parlavo bene molto tempo fa, ma ora non lo parlo più *b* Lo vedevo spesso l'anno scorso, ma ora non lo vedo più *c* Ci andavo spesso per lavoro, ma ora non ci vado più *d* La ballavo bene molti anni fa, ma ora non la ballo più *e* Ne avevo/avevamo ancora la settimana scorsa, ma ora non ne ho/abbiamo più *f* Mi piaceva molto da giovane, ma ora non mi piace più *g* Ci andavo ogni estate fino all'anno scorso, ma ora non ci vado più *h* Ne facevo molto da ragazza, ma ora non ne faccio più

2 vivevamo andavamo avevano Era vendevano sembravano venivano potevano avevamo uscivano andavano erano Aprivano chiudevano tornavano andavamo tornavamo Studiavamo aiutavamo mangiavamo era erano faceva voleva leggeva sentiva avevamo scriveva andavamo finiva

3 *a* Hai telefonato ero *b* sono uscito/a pioveva *c* Sono andato/a era *d* Sono rientrato/a Era

4 era potevo Erano sono alzato/a Sono andato/a era sono uscito/a brillava Sono rimasto/a stavo ho sentito

5 *a* In si può *b* per si parte *c* Per si passa *d* Con si viaggia *e* Con si sente *f* A si esce *g* Da a si mette *h* Si dice

6 *a* ne ha detto *b* ne ha scritto *c* Ne ho letto *d* Ne ho sentito *e* Ne ho saputo *f* Me ne sono interessato/a *g* me ne sono dimenticato/a *h* Me ne sono ricordato/a

7 sai sa sapere sa sappiamo sai sanno sai Sapevo Sapete so sapete Sai

Chapter 19

1 *a* Sono sposati da un anno. Lui è inglese, lei è francese *b* Lavorano tutti e due. Lui fa il meccanico, lei fa la cameriera *c* Sono studenti tutti e due. Lui studia architettura, lei studia scienze politiche *d* Sono fidanzati. Lui vive a Lecco, lei vive a Genova *e* È/Sono una coppia simpatica. Lui è biondo, lei è bruna *f* A tutti e due piace molto la danza. Lui preferisce la danza classica, lei preferisce la danza moderna *g* Non sono d'accordo. Lui vuole uscire, lei vuole restare a casa *h* Sono qui in vacanza. Lui è arrivato ieri, lei è qui da una settimana

2 *a* Vorrei andarci anch'io con lei *b* Posso parcheggiarla io per lui *c* Vorrei tornarci anch'io con loro *d* Posso imbucarla io per lei *e* Posso accompagnarla io per loro *f* Vorrei cenarci anch'io con lei *g* Vorrei restarci anch'io con lui *h* Posso farla io per loro

3 *a* Gli hai detto qualcosa *b* Le ha detto qualcosa *c* Gli avete detto qualcosa *d* Le hai detto qualcosa *e* Le hanno detto qualcosa *f* Gli ha detto qualcosa *g* Le avete detto qualcosa *h* Gli hanno detto qualcosa

4 *a* cosa ne dici *b* cosa ne pensa *c* cosa ne dite *d* cosa ne pensano *e* cosa ne pensi *f* cosa ne dice *g* cosa ne pensate *h* cosa ne dicono

5 *a* Quanto me ne ha dato *b* Quanto gliene ha dato *c* Quanta ve ne ha data *d* Quante gliene ha date *e* Quanti ce ne ha dati *f* Quanta te ne ha data *g* Quante me ne ha date *h* Quanti gliene ha dati

6 dai do do date dà diamo danno danno danno date diamo diamo dà dà dare dà dare

7 *a* si fanno si fanno *b* si prende si prende *c* si mangiano si mangiano *d* si vende si vende *e* si vendono si vendono *f* si prendono si prendono *g* si compra si compra *h* si prenotano si prenotano

Chapter 20

1 *a* -isco *b* -iscono *c* -isci *d* -ite *e* -ito *f* -isce *g* -iva *h* -iamo

2 *a* finisce *b* riparte *c* serve *d* eseguisce *e* capisce *f* sente *g* preferisce *h* dorme

3a The questions could be answered in a number of ways. Here are some suggestions, but your own answers may be just as correct!
a La famiglia Petrucelli non abita a Rimini; abita a Milano, in un appartamento del centro, in via Boccaccio. Vicino a Rimini, i Petrucelli hanno un piccolo appartamento al mare, dove vanno d'estate per le vacanze. *b* Per raggiungere l'ufficio, Franco Petrucelli ci mette dieci minuti a piedi. (Prima, quando la famiglia abitava in periferia, ci metteva quaranta minuti in macchina nelle ore di punta.) *c* Ai giovani Petrucelli non piace tanto vivere in centro perché dove abitavano prima avevano molti amici e anche perché la scuola era più vicina. *d* Marco Petrucelli ha già la macchina perché ha diciotto anni, ha già preso la patente e perciò suo padre gli ha comprato la macchina – una macchina di seconda mano che ha comprato da un collega. *e* Franco Petrucelli ha tanto lavoro perché il suo campo, quello dell'industria tessile, è uno in cui c'è molta concorrenza in tutto il mondo. La sua ditta esporta tessuti negli Stati Uniti, in Gran Bretagna e in Francia, per cui Franco deve viaggiare molto e deve fare attenzione al cambio internazionale del dollaro, della sterlina e del franco francese. *f* Gina Petrucelli lavora in una libreria del centro, specializzata in libri per i giovani e per studenti. È un lavoro più calmo di quello di suo marito, che la tiene in contatto con le idee e i gusti dei ragazzi, incluso quelli dei suoi.

3b Marco ha ancora un anno di scuola da fare. Poi vuole studiare architettura all'università. È un corso lungo e difficile, e suo padre non ne è molto convinto. Liliana, invece, vuole continuare a studiare lingue. Già parla abbastanza bene il francese e l'inglese, come suo padre, ma vuole anche studiare il tedesco e lo spagnolo. Dice che con cinque lingue può trovare lavoro in qualsiasi paese della CEE. La ragazza ha certamente un talento per le lingue, di questo il padre è convinto, ma non gli piace la prospettiva di vedere sua figlia vivere in un altro paese, lontana da casa.

4a dal dato era nelle gli magnifici artisti rimaneva dell' interessanti alle ai si riunivano affreschi alla all' esistono.

4b *a* Venezia è stata costruita su centodiciotto isole. *b* Il governo veneziano si è stabilito a Rialto nell'ottavo secolo. *c* A Venezia erano i mercanti e i commercianti ricchi che godevano del vero potere. *d* Le navi della Serenissima arrivavano fino all'Asia Minore, alla Crimea e all'Egitto. *e* Venezia è diventata ricca con gli immensi guadagni ottenuti dal commercio con il Medio Oriente. *f* Il miglior modo di esplorare Venezia è quello di perdersi nel labirinto di calli, rughe e campielli, sempre a piedi, s'intende, perché a Venezia le macchine non esistono.

Un piccolo test

1 il **2** un **3** il suo **4** Lui **5** Me ne
6 vado **7** siete **8** mangiavo **9** da
10 mi piacciono **11** alle **12** interessanti
13 le **14** non la posso vedere **15** torna prende **16** vanno serviti **17** sono alzato
18 in **19** della **20** degli all' **21** amici simpatici **22** me **23** Te l' **24** capito
25 presi **26** era **27** Non ho **28** quei
29 lei **30** li ho visti

Indice Esercizi
Index to the exercises

List of abbreviations

adj. *adjective*	indef. *indefinite*	**sono**[1] *I am*	$\grave{V}$ *accented vowel*
art. *article*	N *noun*	**sono**[3] *they are*	V *verb*
C *consonant*	pl. *plural*	**lei**[2] *you*	**-ico** *stress on preceding vowel*
def. *definite*	sing. *singular*	**lei**[3] *she, her*	**-ø-** *absence of* -isc-

Indefinite article

Forms: **un/una** 1–1, 1–3; **un'** 1–4, 4–6; **uno** 1–5; mixed 5–1, 12–4, 12–5.
Syntax: def. art. preferred with certain classes of nouns 17–4.

Definite article

Forms: **il/l'** 2–1, **la/l'** 2–2, **lo** 2–5; sing. mixed 2–2, 2–5, 10–4; sing. and pl. (+ consonant) 3–3, (+ vowel) 3–4; all mixed 3–6, 3–7, 5–6, 5–7, 7–3, 12–4, 12–5, 13–1, 14–5, 15–3.
    Prepositional forms: **a** 6–1, 6–2, 6–5, 7–6, 11–5; **da** 13–3; **di** 7–1, 7–2, 7–3, 9–1, 9–2, 13–1; **in** 7–5, 8–5; mixed 7–4, 11–7.
Syntax: used with names of countries 3–3, languages 4–5, regions 4–8, titles 7–1, names of people 15–1; not used with names of towns 7–3, **d'Italia** 7–3; preferred to indef. art. with certain classes of nouns 17–4.

Partitive article

Forms and syntax: sing. with mass nouns 9–2; pl. with count nouns 9–1, 9–6; mixed 9–8, 10–3; deleted in negative phrases 7–5, 9–8.

Nouns & adjectives

Number: **-o/-a** 3–1, **-e** 3–4, all mixed 3–6, 3–7, 5–3, 15–7; invariables: nouns 3–4, 3–5; 'adjectives' of colour 4–7; variable and invariable nouns mixed 7–5; irregulars 3–4, 3–5; **-ico/-ica** mixed 15–7.

Nouns

Gender: nouns ending in **-o/-a** 1–1; in **-e/-$\grave{V}$/-C** 1–2; endings mixed 1–3, 1–6; names of regions 4–8; names of countries (**America**) 15–6; names of towns (**Torino**) 15–6.
Suffixes: **-ino** 11–4.

Adjectives

Syntax: agree with noun 3–2, 3–5, 4–6, 5–6, 7–3, 12–1; invariables (colour) 4–7; placed after noun 3–2; used as nouns 3–7, 9–4 (**altro**).
Special cases: **buono**, forms before noun 9–3; **bello**, forms before noun 9–6; **tutto: tutti/e e due/ tre**/etc. 9–4, **tutti i giorni/negozi** 13–5.
Suffixes: **-ano** (provenance) 2–4; **-issimo** 4–3, 5–6

Demonstrative adjectives and pronouns

questo/etc adj. mixed 3–1, 4–2, 5–3, 15–7.
quel/etc adj. mixed 4–1, 15–7; pronoun 7–2.

Possessive adjectives and pronouns

Forms: adj. **il suo**/etc **il nostro**/etc **il loro**/etc 17–2; pronoun **il mio**/etc 17–1, 17–2; adj. & pronoun **(il) suo**/etc 17–7.
Syntax: agreement with thing possessed 17–7; not used with names of relatives 17–2, 17–7; replaced by reflexive construction 17–3; deleted when owner is obvious 17–5.

Personal pronouns

Stressed

Subject: **io** 2–3, 2–4, 6–6, 19–2; **tu** 2–4; **lei**[2] 2–3; **lui** 19–1; **lei**[3] 19–1; sing. mixed 2–6 (**io/tu/lei**[2]); **voi** 10–1; **io & voi** mixed 10–5; **loro** 19–3.

Object: (**con**) **me** 8–2 (**per**) **me** 9–8, 13–6: (**per**) **lei**[2] 13–6; (**con, per**) **lui/lei**[3] 19–2; (**con**) **noi** 8–2; (**con, per**) **loro**[3] 19–2.

Unstressed (clitics)

Direct object: **lo/la**/etc 4–3, 4–5, 6–6, 8–1, 8–2, 8–3, 8–7, 10–1, 10–2, 10–5, 12–1, 12–3, 12–5, 12–6, 13–6, 19–2; **lo/la**/etc + **ho, abbiamo** 8–2, 14–2, 14–5, 15–1.

Indirect object: **mi** 9–5, 12–2, 12–3, 12–4, 12–5; **le**[2] 12–4; **gli/le**[3] 14–1, 19–3; **ci** 9–5, 12–6.

'Neuter' **lo** (**lo so**): 15–6. Locative **ci** 15–4, 19–2. **ne** *of them* 17–6; *about it* 18–6, 19–4; agreement of past participle with **ne** 19–5. **si** '**passivante**' 18–5, 19–6; agreement of verb with 'object' 19–7.

Two pronouns: indirect + direct object **mi>me** 12–3, 13–6; **le>glie-** 12–5; **ci>ce** 12–6, 13–6; mixed 16–5, 17–4; indirect/reflexive + **ne** 18–6, 19–5

Position: before verbs 4–3, 4–5; after infinitive 6–6; before dependent infinitive 7–7; after dependent infinitive 8–1, 12–1; before or after dependent infinitive 19–2; after **ecco** 7–2.

Reflexive pronouns: 15–2, 16–4, 17–3, 17–4.

Relative pronouns

che (subject) with mixed antecedents 13–3, 13–7.

Indefinite pronouns

uno/una 1–6.

Verb forms, regular

Infinitive: **-are** 12–3; **-are/-ere** 4–7, 8–1; **-are/-ere/-ire** mixed 6–4, 6–6, 6–7, 7–4.

Present: **-o** 4–5, 6–5, 8–3, 16–5; **-i** 5–5, 15–2; **-a**[2] 12–2, **-a**[2]/**e**[2] mixed 6–3; **-a**[3]/**-e**[3] mixed 6–7, 18–5, 19–7; **-iamo** mixed 11–1; **-ate** 10–1, **-ete** 15–3, **-ete/-ite** 10–2, **-ate/-ete/-ite** mixed 10–5; **-ano**[3] 11–2, **-ano/-ono** mixed 11–3, 19–7; **-are** forms mixed 19–4.

-isc- forms: 20–1; **-isc-/-ø-** mixed 20–2; **preferisce** 19–1.

Past Participle: **-ato** 13–3, 14–1, 14–2; **-ato/-ito** mixed 14–4; **-ato/-uto/-ito** mixed 13–4.

Present Perfect: **+avere** 14–1, 15–5, 19–3; **+avere +lo/la**/etc 12–6, 16–1; **+avere ±lo/la**/etc mixed 14–5, 16–3; **+essere** 14–3, 14–6; **essere/avere** mixed 14–4, 16–2, 16–4, 18–3, 18–4.

Imperfect: **-avo/-evo/-ivo** 18–1; other persons 18–2; mixed 18–3, 18–4.

Passive conjugation: **+essere** 13–3; **+essere/venire/andare** mixed 13–4.

Reflexive conjugation: present 15–2 (**ti**); present perfect 16–4, 17–3 (all persons), 18–6 (1st person).

Verb forms, irregular

Irregular past participles, mixed 16–1, 16–2.

andare: andare 13–2; **vado** 6–6, 13–2, 18–1, **andiamo** 13–2, 14–6, 15–4; **va**[2]/**va**[3]/**andate/vanno**[3] 13–2. Prepositions used with **andare: andare a (fare)** 6–6; **andare a Venezia/in Germania** 14–6.

avere: ho 7–2, 8–2, 14–1, 14–4, 18–1; **ha**[3] 14–2; **abbiamo** 8–2, 14–5; **avete** 8–6, 9–8, 15–3.

bere: bevuto 16–2. **chiedere: chiesto** 16–1. **conoscere: conosco** 10–4, **conoscete** 15–3. **cuocere: cotto** 16–2.

dare: dare 12–3, 19–6; **dà**[2] 12–2; present 19–6; **ho dato** 19–5. **dipingere: dipinto** 15–1. **dire: dice**[3] 18–5, forms of present 19–4; **detto** 14–1, 16–1, 18–6; **ho detto** 19–3. **dovere: devo** 7–6, 7–7, 17–4, 17–6; **deve**[2] 7–7; **deve**[3] 17–6; **dobbiamo** 15–4, 17–4.

essere: essere 6–7; **sono**[1] 2–3, 2–4, 4–5; **sei** 2–4, 5–5; **è**[2] 2–3 **è**[3] 1–1, 1–3, 1–6, 4–3, 14–3, 14–4; sing mixed 2–6. **sono**[3] 3–6, 4–3, 4–6, 14–3, 19–1; **è**[3] & **sono**[3] mixed 5–6; **ero** 18–3, **era/erano** 18–2, 18–3, **erano** 18–3; **sono stato** 14–3.

fare: fare 12–3, 15–5; **faccio** 4–5, 8–3, 15–5, 18–1; **fa**[2] 12–2; **fai** 5–5; **fa**[3] 19–1; **fa**[3]/**facciamo/fate/fanno** 15–5, **ho**/etc **fatto** 15–5; **faceva** 18–2; **fatto** 14–2, 15–5, 16–2.

leggere: letto 16–1, 18–6. **mettere: messo** 16–1, 16–2.

potere: posso 8–1, 8–4, 12–1, 12–5; **può**[2] 12–3, 12–4, 12–5, 13–6; **può**[3] 18–5; **possiamo** 12–4, 15–4.

prendere: preso 14–1, 14–2, 16–1. **rimanere: rimasto** 18–4.

sapere: various forms 18–7. **scrivere: scritto** 14–1, 14–2, 15–1, 16–1, 18–6. **sedere:** 15–2 (**siedi**). **spendere: speso** 16–1.

uscire: esce 18–5. **vedere: visto** 14–1, 16–1.

venire: vengo 18–1; **vengo/vieni/viene**[2]/**viene**[3]/**venite** 13–2, **vengo/veniamo** 15–4.

volere: vorrei 4–7; **vuole**[2] 12–1, 12–7; **vuole**[3] 19–1; **vogliamo** 14–6; most other forms 17–5.

Use of tenses and conjugations

Infinitive: used after prepositions 6–7.

Present: continuous value 4–5; may be equivalent to English perfect 19–1.

Past participle: used in passive and agrees with subject 13–3, 13–4; used in present perfect 14–1, 14–2, 14–3, 14–4 and agrees with preceding direct object 14–2, 14–5, 15–1, 16–1, 19–5 (**ne**).

Present perfect: may be equivalent to English preterite 14–1, 16–2, 16–4; contrasted with imperfect 18–3, 18–4.

Imperfect: *used to* . . . 18–1, *was -ing* 18–3, 18–4.

Reflexive conjugation: 15–2 (**ti alzi**); with sense of English possessive phrase 17–3.

Adverbs

Quantity: **di più** 13–7; **-issimo (moltissimo)** 4–1.

Prepositions (see also def. article)

a 7–6, **al pomodoro**/etc 11–5; **andare a Venezia** 14–6. **con** 19–2. **di** provenance 2–3, 2–6. **da** distance 2–5, 2–6; *'by'* (passive) 13–3; + inf 7–4, 9–7; **da giovane**/etc 18–1. **in** ± article (**in macchina/nella macchina di**) 8–5; **andare in Germania** 14–6. **per** + inf 7–6; + noun/pronoun 9–8, 13–6, 19–2; **due per due** 11–6.

Mixed prepositions: 5–2, 5–7, 7–4, 11–7, 13–5, 18–5.

Conjunctions

come? 4–4; mixed: 5–7.

Constructions

Negative: **non** + Verb 2–3, 2–4, 4–3; **non** + **lo/la**/etc + Verb 14–2; **non** . . . **tanto** 4–2; **non** . . . **mai** 10–5, 16–3; **non** . . . **niente** 16–3; **non** . . . **nessuno** 16–3; **non** . . . **più** 18–1.

Interrogative: **qual è?** 7–3, 13–7, 15–3, **quali sono?** 13–7; **che?** 7–6; **quanto?** 19–5; question words mixed 5–4, 8–7; movement of subject to right 8–7.

Comparative: **un** N **più** Adj. 12–7; **il** N **più** Adj. **di** N 7–3, 13–1; **il** N **più/meno** Adj. **che** V 10–4, 15–3.

Impersonal/passive construction with **si**: 18–5, 19–7.

Dependent infinitive: **volere** + 4–7, 12–1, 14–6, 17–5; **dovere** + 7–6, 7–7, 15–4; **potere** + 8–1, 8–4, 15–4; **andare/venire a** + 15–4; position of clitic pronoun 19–2.

'Ethic' dative construction: **farsi/comprarsi** 17–4.

Distributive singular construction: **senza la moglie** 17–5.

Movement of object: to left 8–3; to right: 8–7, 12–6.

Esserci: c'è/ci sono 5–7, 7–5; **ce n'è/ce ne sono** 4–6.

Piacere: (non) mi piace/piacciono 4–2, 4–3, 15–7; **(non) ti/le piace/piacciono** 4–4, 13–7.

Spelling changes

Plural of nouns and adjectives: 3–4, 3–7.

Lexical

Nouns: superordinates 13–7. Adjectives: antonyms 12–7 (**grande/piccolo, stretto/largo, chiaro/scuro, lungo/corto, facile/difficile**). Verbs: **sapere/conoscere** 15–6. Numerals: cardinal numbers 6–1, 6–5, 9–4, 10–3 (**un/una**), eleven twelve thirteen 17–6.

Translations

5–8, 10–6.3, 14–7, 16–6.3, 17–5, 20–3.

General comprehension

5–8, 10–6, 16–6, 20–3, 20–4.

Vocabolario
Vocabulary

Words listed here are in addition to those in **Buongiorno Italia!** The translations given apply to how the words are used in this Workbook; the conventions followed are those listed in **Buongiorno Italia!** p 277.

adorare *to adore*
affogato: uovo affogato *poached egg*
  (lit. *drowned*)
l'agricoltura *agriculture*
alzare *to lift (something)*
l'anfiteatro *amphitheatre*
l'apertura *opening*
l'archeologia *archaeology*
arrabbiato *angry*
asciugare *to dry*
l'**Asia Minore** *Asia Minor*
austriaco *Austrian*
avanti: più avanti *further on*
l'avvento *coming, rise*

il balcone *balcony*
la barba *beard*
barbaro *barbarian*
brillare *to shine*
bruno *dark, brunette*

la camicetta *blouse*
il cantante, la cantante *singer*
cantare *to sing*
capo: capo dello stato *head of state*
i capelli (pl) *hair*
la capitale *capital*
centrale: Stazione Centrale *main central
  railway station, Milan*
il cesto *basket*
chiaro *light*
la cintura *belt*
la circumnavigazione *circumnavigation*
collegare *to connect*
come: come mai? *how come?*
  come no? *of course!, and how!*
il computer *computer*
considerare *to consider*
il contatto *contact*
conversare *to converse, talk*
la conversazione *conversation*
convincere (pp convinto) *to convince*
coricarsi* *to lie (oneself) down*
corretto *correct*
corto *short*
il costruttore *builder*
la Crimea *Crimea*

dente: al dente *slightly underdone (of
  pasta, rice)* (lit. *to the tooth*)
differente *different*
il digestivo *digestive (liqueur)*
diminuire (-isco) *to diminish*
dipingere (pp dipinto) *to paint*
il diritto *law*
il dollaro *dollar*
il doge *doge*
la dominazione *domination*
il duca (pl i duchi) *duke*

ecclesiastico *ecclesiastic*
eleggere (pp eletto) *to elect*
l'Egitto *Egypt*
emozionato *moved, emotional*
entrare* *to enter, go/come in*
l'esportazione (f) *export*

la fame *hunger:* avere fame *to be hungry*
fare: fare attenzione *to pay attention*
  fare molte feste *to make a fuss of*
  fare un po' di montagna *to spend some
    time in the mountains*
farsi* *to buy/build/make/etc for oneself*
fatto: in fatto di *on the subject of*
il fazzoletto *(silk or cotton) square, scarf,
  handkerchief*
la ferrovia *railway*
fiancheggiare *to flank*
il franco *franc*
fuggire* *to flee*
funzionare *to function, work*

garantire (-isco) *to guarantee*
il giornalaio *newsvendor, newspaper shop*
godersi* *to enjoy (for oneself)*
il governo *government*
il guadagno *profit*
il gusto *taste*

ieri *yesterday*
l'imbarcazione (f) *boat, craft*
imbucare *to post*
immodestamente parlando *modesty apart*
  (lit. *immodestly speaking*)
l'impero *empire*
l'importanza *importance*

inevitabilmente *inevitably*

insistere (pp insistito) *to insist*

intenso *intense*

l'invasore *invader*

il labirinto *labyrinth*

largo *wide*

lamentarsi* *to complain*

la lezione *lesson*

la libreria *bookshop*

il libro *book*

la lingua *tongue*

la luna *moon*

mano: di seconda mano *second hand*

la marmellata *jam*

marmellata d'arancia *marmalade*

il Medio Oriente *Middle East*

il mercante *merchant*

il miglio (m) (pl le miglia (f)) *mile*

il migliore *best*

la minerale *(glass of) mineral water*

mostrare *to show*

il motoscafo *motorboat*

la nave *ship*

noialtri *we*

gli occhiali *glasses*

occhiali da sole *sunglasses*

ora: ora di punta *rush hour*

ordinare *to order*

ottenere † *to obtain*

ottomano *ottoman*

il pacco *parcel*

il paese *country*

il palazzo *large building*

la pancetta *bacon*

la penna *pen*

il piattino *saucer*

Pietro *Peter*; San Pietro *St Peter's,
Rome*

piovere: piovere a catinelle *to rain cats and
dogs, to pour*

pisano *of/from Pisa*

il polsino *cuff*

prepararsi* *to get (oneself) ready*

la prenotazione *booking*

il principio *beginning*

la prospettiva *prospect*

pulire (-isco) *to clean*

la punta *tip*; sulla punta della lingua *on the tip
of the tongue*

il punto *point*

qualsiasi *any*

rapidamente *rapidly, fast*

regolarmente *regularly*

il regno *kingdom*

rispettare *to respect*

la riunione *meeting*

riunirsi* (-isco) *to meet, get together*

la rondine *swallow*

russo *Russian*

il sapone *soap*

lo sciopero *strike*

la scoperta *discovery*

scuro *dark*

sedersi* † *to sit (oneself) down*

sentire *to listen to, hear*

seppellire (-isco) (pp sepolto) *to bury*

la sete *thirst*; avere sete *to be thirsty*

specializzarsi* *to specialize*

sorvegliare *to look after, keep an eye on*

la spremuta (d'arancia/di limone) *fresh
(orange/lemon) juice*

stabilirsi* (-isco) *to establish (oneself)*

stradale: elenco stradale *street directory*

strapazzato: uovo strapazzato *scrambled
egg*

il successo *success*

il talento *talent*

telefonico: elenco telefonico *telephone
directory*

terminare *to finish*

tessile: industria tessile *textile industry*

il tessuto *cloth, material*

trasformare *to transform*

il Trecento *fourth century*

il tredicesimo *thirteenth*

trifolato *cooked in olive oil with garlic and
parsley*

trovare: andare a trovare *to go/come and
see, to visit (someone)*

l'ufficio cambio *bureau de change*

unirsi* (-isco) *to unite, join*

l'università (f) *university*

universitario: studente universitario
university student

il Vaticano *Vatican*

la veduta *view, sight*

la ventina *twenty or so*

vestire *to wear*

vicentino *of/from Vicenza*

voialtri *you, you people*

lo yogurt *yoghurt*